Helmut F. Kaplan

# Menschenrechte und Tierrechte

*Solidarität mit den Leidensfähigen*

Helmut F. Kaplan

# Menschenrechte und Tierrechte

*Solidarität mit den Leidensfähigen*

ISBN 978–3–7504–3013–6

Herstellung und Verlag: BoD- Books on Demand, Norderstedt
Umschlaggestaltung: Kevin T. Fischer, Maximale Wirkung
Satz und Layout: Kevin T. Fischer, Maximale Wirkung
Bildnachweis Umschlag:  © Gellinger / pixabay.com

Bibliografische Information der Deutschen Nationalbibliothek:
Die Deutsche Nationalbibliothek verzeichnet diese Publikation in der Deutschen Nationalbiografie; detaillierte bibliographische Daten sind im Internet
über http://dnb.dd-nb.de abrufbar

# Inhalt

*Ich bin für die Rechte der Tiere genauso wie für die Menschenrechte. Denn das erst macht den ganzen Menschen aus.*

ABRAHAM LINCOLN

*Unsere Aufgabe ist es, uns selbst zu befreien,
indem wir die Sphäre des Mitleids auf alle
Lebewesen ausdehnen.*

ALBERT EINSTEIN

# Einleitung

Daß Menschenrechten heute – berechtigterweise! – eine immense Bedeutung beigemessen wird, steht außer Zweifel. In bemerkenswertem Widerspruch dazu steht, daß es im Hinblick auf die Entstehung von Menschenrechten einen ausgeprägten „Pluralismus", man könnte auch sagen: ein ziemliches Durcheinander, gibt: Als Ahnen der Menschenrechte werden u. a. konfuzianische, hinduistische und buddhistische Traditionen genannt, die Goldene Regel, die Bibel und der Koran. Ähnliches gilt für die vielen „Vorgänger-Dokumente" der heutigen Menschenrechte, von der Magna Charta (1215) über die amerikanische Unabhängigkeitserklärung (1776) bis zur französischen Erklärung der Menschen- und Bürgerrechte (1789).

Trotz oder vielleicht auch wegen dieser vielfältigen Wurzeln, die Menschenrechten zugeschrieben werden, gibt es so etwas wie eine „Standarderzählung der Menschenrechtsgeschichte". Hier eine Kurzfassung:

- Die erste Etappe bildet das philosophische Naturrecht des 17. und 18. Jahrhunderts: Im „Naturzustand" haben alle Menschen bestimmte grundlegende Rechte. Allerdings existieren diese Natur- bzw. Menschenrechte hier lediglich als Ideen bzw. Forderungen.
- Im 18. Jahrhundert werden die bisher bloß gedachten Menschenrechte v. a. durch die Revolutionen in den sich konstituierenden Vereinigten Staaten von Amerika und in Frankreich verwirklicht: Menschenrechte werden positiviert, zu einforderbaren Rechten.

- Nach dem Zweiten Weltkrieg werden Menschenrechte - „endlich" quasi – zum Gegenstand eines internationalen Rechtssystems, also positiviert *und* universalisiert.

Der Haken an dieser Geschichte: Sie stimmt so nicht, es gab keine solche glatte, „logische" Entwicklung. Moderne Menschenrechte sind nicht das Ergebnis einer glücklichen Verquickung zweier Grundgedanken: universelle, natürliche Rechte plus rechtsstaatliche Positivierung dieser Rechte hin zur globalen, quasi weltstaatlichen Positivierung universal verstandener natürlicher Rechte. Moderne Menschenrechte sind vielmehr die Folge einer politisch-moralischen Katastrophe: der Katastrophe des stalinistischen und nationalsozialistischen Totalitarismus, die die Welt bis in ihre Grundfesten erschütterte. Der Zweite Weltkrieg markiert nicht nur eine weltpolitische, sondern auch einen menschenrechtsgeschichtliche Zäsur: Die Allgemeine Erklärung der Menschenrechte und das Grundgesetz der Bundesrepublik Deutschland reagieren – auf unterschiedlichen Ebenen - auf das gleiche globale Unglück.

Am 10. Dezember 1948 verkündete die Generalversammlung der Vereinten Nationen „Die Allgemeine Erklärung der Menschenrechte", deklariert „als gemeinsames, von allen Völkern und Nationen anzustrebendes Ziel." Die „Allgemeine Erklärung" hat enormen Einfluß: Sie verbreitet die Menschenrechtsphilosophie, inspiriert juristische Texte und Entscheidungen und ist häufiger Bezugspunkt, wenn Individuen oder Völker irgendwo auf der Welt die

Respektierung ihrer Rechte einfordern. Obwohl die Allgemeine Erklärung der Menschenrechte kein verbindliches juristisches Instrument darstellt, wissen die UNO-Mitgliedsstaaten, daß in ihr aktuelle Menschenrechtsverpflichtungen festgehalten sind.

Aber was sind Menschenrechte eigentlich? Eine schwierige und komplexe Frage! Den Kern unseres Verständnisses von Menschenrechten trifft aber wohl die Charakterisierung: Menschenrechte sind Ansprüche an die öffentliche, politische Ordnung.

Und wie steht es um die Begründung von Menschenrechten? Heute herrscht weitgehendes Einvernehmen darüber, daß die *Menschenwürde* das Fundament der Menschenrechte darstellt. Beim Versuch herauszufinden, was unter der Menschenwürde sinnvollerweise verstanden werden kann, stößt man allerdings auf begriffliches Chaos, halsbrecherische Konstrukte und kryptische Charakterisierungen. Von einer verständlichen, nachvollziehbaren Begründung der Menschenrechte durch die Menschenwürde kann keine Rede sein.

Aber wie *können* Menschenrechte in einer säkularen, pluralistischen Gesellschaft plausibel begründet werden? Am besten und naheliegenderweise mittels Rückgriff auf menschliche Fähigkeiten, Bedürfnisse und Interessen, die zu ihrer Entfaltung bzw. zu ihrem Schutz der Menschenrechte bedürfen. Der Zweck von Menschenrechten wäre dann: den Menschen ein soweit als möglich angemessenes, das heißt ihren Fähigkeiten, Bedürfnissen und Interessen entsprechendes Leben zu ermöglichen.

Menschen sind freilich keine abstrakten Entitäten – sondern: rationale, sich ihrer selbst bewußte, autonome Wesen. Rationale, selbstbewußte und autonome Wesen nennt man in der Philosophie „Personen". Demgemäß kann der Zweck von Menschenrechten komprimiert so formuliert werden: den Menschen ein Leben gemäß ihren Fähigkeiten, Bedürfnissen und Interessen als Personen zu ermöglichen.

Wer solcherart plausibel und allgemein nachvollziehbar begründete Menschenrechte befürwortet, muß konsequenterweise auch Tierrechte befürworten, weil auch viele Tiere Personen sind. Auch viele Tiere haben die Fähigkeiten, Bedürfnisse und Interessen von Personen.

Entscheidend in diesem Zusammenhang sind insbesondere drei Punkte: Erstens treten die Person-Elemente Rationalität, Selbstbewußtsein und Autonomie und die personalen Fähigkeiten, Bedürfnisse und Interessen in der Regel bei Menschen und Tieren graduell abgestuft auf. (Evolutionäre Kontinuität) Deshalb sollten zweitens auch die Rechte, die ein Leben gemäß diesen personalen Fähigkeiten, Befürfnissen und Interessen gewährleisten sollen, graduell abgestuft zugeschrieben werden. Drittens sind bei vielen Tieren beliebige Merkmale – inklusive Rationalität, Selbstbewußtsein und Autonomie – *stärker* ausgeprägt als bei vielen Menschen. („marginal cases")

Für Tierrechte spricht auch eine fundamentale kulturelle Fortschrittstendenz (die sich etwa auch in der „Abschaffung" der menschlichen Rassen manifestiert): Weg von biologischen oder biologistischen Kollektivdefinitionen, -abwertungen und -diskriminierungen hin zu gleichen bzw. analogen Rechten:

- Etwa: Weg von: Du bist schwarz, also weniger intelligent, also zum Sklaven bestimmt. Hin zu: Gleiche Rechte unabhängig von der Hautfarbe.
- Analog: Weg von: Du bist ein Tier, also weniger wert, also können wir dich aufessen und mit dir Experimente machen. Hin zu: Fundamentale Rechte unabhängig von der Spezieszugehörigkeit.

Aber welche Rechte sollten Tieren nun zugeschrieben bzw. verliehen werden? Eine gute Orientierung hierfür liefert die Allgemeine Erklärung der Menschenrechte! Da Tiere aber z. T. andere Interessen als Menschen haben und da verschiedene Tiere unterschiedliche Interessen haben, fehlen uns hier die faktischen Voraussetzungen für einen Tierrechte-Katalog analog der Allgemeinen Erklärung der Menschenrechte. Die Ausarbeitung eines solchen Katalogs angemessener und notwendiger Tierrechte wird aber eine vergleichsweise einfache Aufgabe sein - bei der es um folgende Fragen geht:

- Welche Interessen haben welche Tiere?
- Welche Rechte brauchen diese Tiere, um ein Leben gemäß diesen Interessen führen können?

Vergleichsweise einfach wird diese Aufgabe sein, weil die Verwirklichung von Tierrechten bisher ja nicht daran gescheitert war, daß man nicht herausfinden konnte, welche Interessen Tiere haben und welcher Schutzbestimmungen bzw. Rechte es bedarf, um diesen Interessen Rechnung zu tragen. Gescheitert waren Tierrechte bisher daran, daß man aufgrund religiöser, spiritueller, esoterischer, irrationaler Vorurteile tierliche Interessen für *grundsätzlich weniger wichtig* erachtete. Diesen Vorurteilen das Fundament zu entziehen, war und ist die entscheidende Hürde.

Was hier aber geleistet werden kann, ist, das Fundament für einen Tierrechte-Katalog bereitzustellen, quasi die tierrechtliche Grundformel: Tiere haben das Recht, daß ihre Interessen gleich berücksichtigt werden wie ähnliche menschliche Interessen. Die Verwirklichung solcher Tierrechte würde eine revolutionäre Veränderung der Welt bedeuten.

Tierrechte ergeben sich nicht nur aus dem detaillierten und konsequenten Zuende-Denken von Menschenrechten, sondern sie entsprechen auch einer jahrtausendelangen globalen Tendenz in der Moralentwicklung: der stetigen Ausdehnung der moralischen Sphäre.

# 1.
# Menschenrechte haben enorme moralische und politische Bedeutung

Menschenrechte sind heute global *die* moralische und politische Leitidee, *der* weltanschauliche „Weltgeist" quasi, *das* Movens der positiven menschlichen Entwicklung. Niemand, der ernstgenommen und respektiert werden will, kann es sich leisten, gegen Menschenrechte Position zu beziehen. (Vgl. Kurbjuweit, 2015, S. 92, Menke / Pollmann, 2017, S. 9, 23, 99, 109f., Klingst, 2016, S. 98, Fassbender, 2014, S. 115f., Clapham, 2013, S. 9f.)

Angesichts ihrer realpolitischen Bedeutung werden Menschenrechte zuweilen geradezu verstörend schwülstig und schwammig beschrieben: Menschenrechte seien „die ,ewigen', unveräußerlichen Rechte der Menschen auf Grund ihrer über der Tierwelt stehenden Natur." (Philosophisches Wörterbuch, 1974) Oder: Menschenrechte seien „die angeborenen und unveräußerlichen Rechte, die dem einzelnen … kraft seines Mensch-Seins zustehen." (Brockhaus Enzyklopädie, 1971)

Auch im Hinblick auf die Entstehung der Menschenrechte herrscht ein erstaunliches Durcheinander. Fast hat man den Eindruck, die Erfolgsgeschichte der Menschenrechte verführe alle dazu, am Beginn dabeigewesen sein zu wollen. Als Ahnen der Menschenrechte werden jedenfalls u. a. genannt: konfuzianische, hinduistische und buddhistische Traditionen, die Goldene Regel, die Bibel, der Koran, der babylonische „Codex Hammurabi", Sokrates, die griechische Stoa und das römische Recht. (Vgl. Clapham, 2013, S. 14, Klingst, 2016, S. 14, 30)

Analog die Situation bei den „Vorgänger-Dokumenten" der heutigen Menschenrechte: Immer wieder erwähnt werden etwa (Klingst, 2016, S. 20ff.):

1215 Magna Charta (England): Gilt als eines der ältesten Freiheitsdokumente der westlichen Welt. Den Angehörigen des Adelsstandes wird versichert: „Kein freier Mann soll verhaftet, gefangen gesetzt, seiner Güter beraubt, geächtet, verbannt oder sonst angegriffen werden, noch werden wir ihm anders etwas zufügen, oder ihn ins Gefängnis werfen lassen, als durch das gesetzliche Urteil von Seinesgleichen."

1628 Petition of Right (England): Das Parlament von England fordert die Stärkung seiner Rechte. Unter anderem soll für die Erhebung von Steuern die vorherige Genehmigung der Volksvertretung eingeholt und kein Bürger ohne Verhandlung hingerichtet werden.

1679 Habeas Corpus Act (England): Festigt und erweitert die bereits in der Magna Charta und der Petition of Right festgeschriebenen, aber ständig mißachteten Rechte. Künftig soll kein Untertan mehr ohne richterliche Prüfung und Anordnung in Haft genommen und gehalten werden dürfen.

1689 Bill of Rights (England): Die Rechte des englischen Parlaments gegenüber der Krone werden gestärkt. Abgeordnete genießen weitgehende Immunität, um ihr Recht auf Meinungs- und Redefreiheit ungefährdeter ausüben zu können.

12.6.1776 Virginia Declaration of Rights (Vereinigte Staaten von Amerika): Beschließung grundlegender Rechte im Zuge der Trennung Virginias vom Königreich Großbritannien, etwa die Presse- und Religionsfreiheit und das Prinzip der Gewaltenteilung. Diese Erklärung hat großen Einfluß auf die amerikanische Unabhängigkeitserklärung, die französische Erklärung der Menschen- und Bürgerrechte und die amerikanische Bill of Rights.

4.7.1776 Declaration of Independence (Vereinigte Staaten von Amerika): „Folgende Wahrheiten erachten wir als selbstverständlich: dass alle Menschen gleich geschaffen sind; dass sie von ihrem Schöpfer mit gewissen unveräußerlichen Rechten ausgestattet sind; dass dazu Leben, Freiheit und das Streben nach Glück gehören." Damit schreibt die amerikanische Unabhängigkeitserklärung erstmals offiziell fest, daß jeder Mensch unveräußerliche Rechte besitzt.

26.8.1789 Erklärung der Menschen- und Bürgerrechte (Frankreich): Die erste europäische Menschenrechtserklärung: Alle Menschen sind gleich und haben ein unveräußerliches Recht auf Freiheit, Eigentum, Sicherheit und Widerstand gegen Unterdrückung.

25.9.1789 Bill of Rights (Vereinigte Staaten von Amerika): In zehn Zusatzartikeln zur Verfassung werden allen Bürgern u. a. Religions-, Meinungs-, Versammlungs- und Pressefreiheit gewährt.

Um nicht ein völlig falsches, nämlich ein aus heutiger Sicht viel zu positives und viel zu fortschrittliches Bild zu zeichnen, muß aber sofort hinzugefügt werden (ebenda, S. 12f.): Vielen frühen Freiheitsdokumenten ist gemein, daß sie keineswegs für alle Menschen gleichermaßen galten! Wer arm oder besitzlos war, den „falschen" Stand oder das „falsche" Geschlecht oder die „falsche" Hautfarbe hatte, erhielt weniger oder gar keine Rechte. Von der Magna Charta profitierten nur Adlige. Die US-Präsidenten George Washingston und Thomas Jefferson hielten selber Sklaven und der Menschenrechtsphilosoph John Locke verdiente am Sklavenhandel.

Im 17. und 18. Jahrhundert wurden auch philosophische Begründungen der Menschenrechte geliefert – formuliert als Kern eines neuzeitlichen Naturrechts (Menke / Pollmann, 2017, S. 12, 47ff., 60, 100f.): Menschenrechte werden aus der Natur des Menschen begründet. Es gehöre quasi zur Natur des Menschen, jeden anderen Menschen anzuerkennen und zu achten. Worin die Naturanlage des Menschen primär besteht, wird allerdings unterschiedlich gesehen: Für John Locke (1989) ist es das menschliche Interesse an Freiheit und Selbsterhaltung, das nur in einer Art wechselseitigem Vertrag mit allen anderen Menschen verwirklicht werden kann. Immanuel Kant sieht die menschenrechtsbegründende Naturanlage in der Vernunft des Menschen. Im Wollen und Handeln der Vernunft zu folgen, verlange, sich einem allgemeinen Gesetz zu unterstellen, das alle Menschen gleichermaßen berücksichtigt:

„Handle so, daß du die Menschheit, sowohl in deiner Person, als in der Person eines jeden andern, jederzeit zugleich als Zweck, niemals bloß als Mittel brauchest." (Kant, 1977, S. 61, zit. n. Menke / Pollmann, 2017, S. 55)

Jean-Jacques Rousseau (1971) und Adam Smith erblicken in Gefühlen wie Sympathie, Solidarität und Mitleid die Natur des Menschen. Alle Ansätze verbindet die Ansicht, daß es in der Natur des Menschen liege, alle Menschen zu achten: Wer der menschlichen Natur folge, respektiere auch die Menschenrechte. Naturrechte sind insofern „vorstaatlich" bzw. „moralisch", als sie unabhängig davon gelten, ob sie in staatlichen Rechtssystemen verankert oder von diesen garantiert werden. Diese „überstaatliche Schutzfunktion" wird auch in der Gegenwart häufig mit dem Begriff „Menschenrechte" mitgemeint.

Die eben beschriebenen Begründungsversuche der Menschenrechte werden auch von zeitgenössischen Philosophen aufgegriffen. (Menke / Pollmann, 2017, S. 49-64) Das Modell (Gesellschafts-)Vertrag etwa von Otfried Höffe (1996 und 2015 )(„transzendentaler Tausch"), die kantische Begründung etwa von Karl-Otto Apel (1973) und Jürgen Habermas (1991 und 1992)(„Diskurstheorie") und die Begründung von Menschenrechten durch Gefühle etwa von Richard Rorty (1996 und 2000). Rorty kommt zum wohltuend sachlich-nüchternen Ergebnis, daß die menschenrechtlich grundlegende Einstellung der Anerkennung jedes anderen nichts Gegebenes, geschweige denn sicher und allen Gegebenes ist, sondern vielmehr etwas zu Erarbeitendes, eine Kulturleistung.

Trotz oder vielleicht auch gerade wegen der verwirrenden Vielfalt an „Wurzeln" der Menschenrechte gibt es so etwas wie eine „Standarderzählung der Menschenrechtsgeschichte" – gesehen aus heutiger Perspektive (Menke /

Pollmann, 2017, S. 12ff.). Diese Standardgeschichte der Menschenrechte besteht aus drei dialektisch aufeinander folgenden Phasen:

Die erste Etappe bildet das oben erwähnte philosophische Naturrecht des 17. und 18. Jahrhunderts: Im „Naturzustand" haben alle Menschen bestimmte grundlegende Rechte. Allerdings bleibt hier noch offen, wie diese naturgegebenen Natur- bzw. Menschenrechte auch verwirklicht werden können, denn der Naturzustand beinhaltet ja noch keinen Rechtszustand. Menschenrechte bleiben hier bloße Ideen bzw. Forderungen.

Dieses Problem wird in der zweiten Etappe saniert: Im 18. Jahrhundert werden die bisher bloß *gedachten* Menschenrechte durch bürgerliche Revolutionen, v. a. in den sich konstituierenden Vereinigten Staaten von Amerika und in Frankreich, *verwirklicht*: Die amerikanische Unabhängigkeitsbewegung und die französische Revolution erklären die Menschenrechte zu Bürgerrechten, also zu positiven, einzufordernden Rechten. Allerdings: Gleichzeitig büßen die Menschenrechte ihre Universalität ein: Die amerikanischen Siedler und die französischen Bürger *erklären* zwar die Rechte aller Menschen, aber sie *verwirklichen* nur ihre eigenen Rechte. Mehr noch: Sie verweigern in unterschiedlichem Ausmaß diese Rechte einem großen Teil der Bewohner ihres eigenen Landes: Frauen, Juden, Schwarzen und dem Proletariat.

Mit der dritten Etappe gelangen wir schließlich in die Gegenwart, in die Zeit nach dem Zweiten Weltkrieg. Wurden Menschenrechte in der ersten Etappe lediglich philosophisch postuliert, in der zweiten Etappe innerhalb der betroffenen Staaten rechtlich positiviert, werden sie nun, nach 1945, zum Gegenstand eines internationalen Rechtssystems. Erst jetzt sind Menschenrechte also universell gültig *und* rechtlich positiviert.

Der Haken an dieser Standarderzählung der Menschenrechte: Sie stimmt so nicht (ebenda, S. 14ff.). Vieles an dieser Geschichte könnte und sollte stutzig machen. Zum Beispiel: Ist es nicht verdächtig idealistisch, den historischen Kampf um Menschenrechte als bloße Umsetzung vorformulierter philosophischer Ideen zu begreifen? Und ist es nicht noch unwahrscheinlicher, daß sich die Menschenrechte auf eine einzige philosophische Idee, nämlich die Naturrechtsidee, zurückführen lassen? (Vgl. Jellinek, 1964, Schmale, 1997) Ist es nicht vielmehr ungleich plausibler, daß das Menschenrechtsdenken aus einer komplexen Verknüpfung unterschiedlicher (juridischer, theologischer, moralischer, politischer, philosophischer) Motive in unterschiedlichen Kontexten resultiert? (Vgl. Vögele, 2000)

Vor allem zeichnet die Standardgeschichte der Menschenrechte ein völlig falsches Bild von der jüngeren Vergangenheit, konkret: vom auffällig harmonischen, organischen Übergang zu universellen *und* positivierten Menschenrechten: Bei der Entwicklung der Menschenrechtsidee hätten sich zwei Gedanken herauskristallisiert: universelle natürliche Rechte einerseits, rechtsstaatliche Positivierung dieser Rechte andererseits. Dann habe sich gezeigt, daß beide Gedanken, isoliert von einander verfolgt, ein Dilemma offenbaren: bloß philosophisch postulierte

Rechte sind zu schwach, bloß nationalstaatlich positivierte Rechte sind zu begrenzt. Und dann habe die dritte Etappe der Menschenrechtsentwicklung eben das Wunder vollbracht: globale, quasi weltstaatliche Positivierung universal verstandener natürlicher Rechte.

Diese Geschichte der Entwicklung der Menschenrechte ist philosophisch wie empirisch falsch. Die moderne Menschenrechtspolitik nach dem Zweiten Weltkrieg ist nicht das Ergebnis einer wundersamen Zusammenführung von zwei theoretischen Grundgedanken, sondern vor allem die Folge einer politisch-moralischen Katastrophe, der Katastrophe des stalinistischen und vor allem des nationalsozialistischen Totalitarismus. Die Allgemeinen Erklärung der Menschenrechte von 1948, die die Grundlage aller gegenwärtigen Menschenrechtspolitik darstellt, bezieht sich auch ausdrücklich auf diese Katastrophe: (Menke / Pollmann, 2017, S. 16–18)

„Weil die Anerkennung der angeborenen Würde und der gleichen und unveräußerlichen Rechte aller Mitglieder der menschlichen Familie die Grundlage für Freiheit, Gerechtigkeit und Frieden in der Welt ist,

weil die Verachtung und Verletzung der Menschenrechte zu barbarischen Akten geführt haben, die das Gewissen der Menschheit empören, ( … ) verkündet deswegen nunmehr die Generalversammlung diese Allgemeine Erklärung der Menschenrechte." (Fassbender, 2014, S. 89–91)

Der Zweite Weltkrieg markiert nicht nur einen weltpolitischen, sondern auch einen menschenrechtsgeschichtlichen Bruch: „Mit dem Jahr 1945 … beginnt die politische *Gegenwart* der Menschenrechte, und zwar unter gänzlich veränderten philosophischen, politischen und rechtlichen Vorzeichen" (Menke / Pollmann, 2017, S. 12). Die Allgemeine Erklärung der Menschenrechte und das Grundgesetz der Bundesrepublik Deutschland reagieren auf unterschiedlichen Ebenen auf die gleiche historische Situation und Erfahrung. (Ebenda, S. 16–18, Fritzsche, 2016, S. 14, 58)

Am 10. Dezember 1948 verkündete die Generalversammlung der Vereinten Nationen „Die Allgemeine Erklärung der Menschenrechte", deklariert „als gemeinsames, von allen Völkern und Nationen anzustrebendes Ziel." (Fassbender, 2014, S. 91) Die „Allgemeine Erklärung" hatte und hat enormen Einfluß: Sie verbreitet die Menschenrechtsphilosophie, inspiriert juristische Texte und Entscheidungen, wurde in mehr als 300 Sprachen übersetzt und ist häufiger Bezugspunkt, wenn Individuen oder Völker irgendwo auf der Welt die Respektierung ihrer Rechte einfordern. Die Bestimmungen der „Allgemeinen Erklärung" wurden in mehreren Verfassungen übernommen und nationale wie internationale Gerichtshöfe berufen sich auf sie. Obwohl die Allgemeine Erklärung der Menschenrechte kein verbindliches juristisches Instrument darstellt, wissen die UNO-Mitgliedsstaaten, daß in ihr aktuelle Menschenrechtsverpflichtungen festgehalten sind. 1968 proklamierte die erste Weltkonferenz der Menschenrechte in Teheran: (Clapham, 2013, S. 61f., Klingst, 2016, S. 18, 24)

„Die Allgemeine Erklärung der Menschenrechte stellt das gemeinsame Verständnis der Völker der Welt von den unveräußerlichen und unverletzlichen Rechten aller Mitglieder der menschlichen Familie fest und begründet eine Verpflichtung für die Mitglieder der Völkergemeinschaft." (Clapham, 2013, S. 62)

Bald reifte die Einsicht, daß es zur praktischen Umsetzung der Allgemeinen Erklärung der Menschenrechte ergänzend eines rechtsverbindlichen multilateralen Vertrags über Menschenrechte bedarf. 1966 verabschiedete die Generalversammlung den „Internationalen Pakt über wirtschaftliche, soziale und kulturelle Rechte" und den „Internationalen Pakt über bürgerliche und politische Rechte". Beide traten 1976 in Kraft. Der erste Pakt („Sozialpakt") befaßt sich u. a. mit Erziehung, Ernährung, Wohnen, medizinische Versorgung, Recht auf Arbeit und bei der Arbeit, kulturelle und wissenschaftliche Rechte. Der zweite Pakt („Zivilpakt") schützt u. a. das Recht auf Leben, Freiheit, fairen Prozess sowie Meinungs- und Gewissensfreiheit. Beide Pakte werden gemeinsam mit der „Allgemeinen Erklärung" manchmal als „Internationale Charta der Menschenrechte" bezeichnet. (Ebenda, S. 68f., vgl. Klingst, 2016, S. 24f., Fritzsche, 2016, S. 64f.)

Studiert man die Artikel der Allgemeinen Erklärung der Menschenrechte, fällt zweierlei auf: erstens sind sie inhaltlich unsortiert, die Reihung folgt keinen systematischen Kriterien, zweitens gibt es offenkundig Unterschiede im Hinblick auf die Wichtigkeit und Dringlichkeit einzelner

Menschenrechte. So wäre es beispielsweise absurd zu leugnen, daß etwa das Recht auf Leben (Art. 3) bedeutsamer ist als etwa das Recht auf regelmäßigen bezahlten Urlaub (Art. 24). Dessenungeachtet herrscht in der rechts- und moralphilosophischen Diskussion die Überzeugung vor, daß Menschenrechte in dem Sinne „aus einem Guß" seien, daß sie eine unreduzierbare Einheit bilden: Alle Menschenrechte gehören notwendig zusammen, und alle Menschen haben alle Menschenrechte. (Menke / Pollmann, 2017, S. 120f.)

Die faktische Entwicklung des Völkerrechts hat die Idee bzw. den Eindruck eines einheitlichen, geschlossenen Menschenrechtskatalogs mittlerweile relativiert bzw. korrigiert. Die Tatsache, daß von der völkerrechtlich unverbindlichen „Allgemeinen Erklärung" (1948) bis zu den beiden bindenden Pakten (1966) fast zwei Jahrzehnte verstrichen, ist mit Sicherheit auch darauf zurückzuführen, daß der rechtliche Status einiger Menschenrechte, insbesondere der „sozialen Teilhaberechte", umstritten war (und nach wie vor umstritten ist). Entscheidend und bezeichnend in diesem Zusammenhang ist, daß die beiden Pakte nicht den gleichen völkerrechtlichen Status haben: Beim „Zivilpakt" gibt es die Möglichkeit von „Individualbeschwerdeverfahren", d. h. die Chance, einen menschenrechtsrelevanten Fall vor den verantwortlichen UN-Ausschuß zu bringen. Beim „Sozialpakt" fehlt diese Möglichkeit. Das mag ein Indiz für die Berechtigung der Ansicht sein, daß es sich bei den sozialen Menschenrechten letztlich um so etwas wie unverbindliche Staatsziele handelt.

Positiv-rechtlich gibt es also keine konsequente Gleichgewichtung der Menschenrechte. Damit durchaus vereinbar ist andererseits freilich, daß eine prinzipielle Gleichgewichtung aller Menschenrechte moralisch wünschenswert oder gar geboten ist. Eine elegante bzw. versöhnliche Beschreibung dieser bei Lichte besehen vertrackten Situation liefern Christoph Menke und Arnd Pollmann: (Ebenda, S. 121f., vgl. Fritzsche, 2016, S. 103, Gosepath, 2015, S. 146f.)

„In Menschenrechtsfragen ist eine Art disziplinäre Aufgabenteilung zwischen der philosophischen Analyse hochrangiger Ideale, der juristischen Positivierung dessen, was rechtlich sinnvoll erscheint, und dem politischen ‚Bohren dicker Bretter‘ … angezeigt. Das positive Recht übernimmt dabei eine Art Vermittlerrolle. Einerseits ist das positiv gesatzte Menschenrecht den (welt-)politischen Realitäten in vielen Hinsichten weit voraus …. Zugleich aber vermag der institutionalisierte Rechtsdiskurs überhöhte Ansprüche zurückzuweisen." (Menke / Pollmann, 2017, S. 123)

Schließlich plädieren Menke und Pollmann – gut nachvollziehbar – auch für eine *prinzipielle* Rangordnung der Menschenrechte, denn: Wie soll anderenfalls im konkreten Einzelfall, etwa im „Kopftuchstreit", wenn unterschiedliche Grund- und Menschenrechte direkt kollidieren (hier: Religionsfreiheit, freie Persönlichkeitsentfaltung, Meinungs- und Berufsfreiheit), abgewogen werden? Wenn nicht die involvierten Menschenrechte selbst, sondern die aktuellen und spezifischen historischen und kulturellen Bedingungen den Ausschlag geben, wird der transhistorische und transkulturelle Anspruch der Menschenrechte empfindlich unterminiert. Deshalb empfehle es sich, von einer prinzipiellen Ungleichgewichtung der Menschenrechte auszugehen und zwischen fundamentalen und weniger fundamentalen Menschenrechten zu unterscheiden: Das Recht, nicht gefoltert zu werden, wiege offenkundig schwerer als das Recht auf Versammlungsfreiheit, weil die bedrohten Rechtsgüter „Leben" und „Menschenwürde" als „existenziell wichtiger und normativ höherwertiger" einzustufen wären als die Freiheit, sich öffentlich zu versammeln. Andererseits ließe sich daraus aber nicht ableiten, daß andere Menschenrechte deshalb entbehrlich wären: Weil Tötung schwerer wiegt als Diebstahl käme auch niemand auf die Idee, den Tatbestand Diebstahl aus dem Strafgesetzbuch zu streichen. (Ebenda, S. 123f.)

Die eben thematisierte Frage prinzipielle Rangordnung der Menschenrechte versus prinzipielle Gleichrangigkeit der Menschenrechte kann und muß wohl im Lichte einer grundsätzlichen philosophischen Frage gesehen werden: Ist eher ein minimalistisches oder eher ein maximalistisches Verständnis der Menschenrechte angemessen und zielführend? John Rawls (2002, S. 80) vertritt etwa eine minimalistische Position („Mindestmaß an Rechten"): Recht auf Leben, Freiheit, Eigentum und formale Gleichheit. Für Jürgen Habermas (1992, 1999) muß hingegen alles garantiert sein, was für ein freies, demokratisches Zusammenleben nötig ist - neben den genannten Rechten auch: freie Meinungsäußerung, politische Partizipation, Chance zur Entwicklung neuer Ideen, Feiraum für abweichende, experimentelle Lebensformen. (Menke / Pollmann, 2017, S. 37)

Die minimalistische versus maximalistische Deutung bzw. Forderung ist bei der Menschenrechtsdebatte im Grunde systemimmanent - weil beide Positionen jeweils wesentlichen Ansprüchen Rechnung tragen: Die Minimalisten haben im Blick, daß Menschenrechte möglichst global und kulturübergreifend anerkannt werden können sollten, die Maximalisten treibt die Sorge um, daß von den Forderungen der Freiheitsbewegungen des 18. Jahrhunderts zuviel preisgegeben werden könnte. (Ebenda) Hinzu kommt aber auch noch ein ganz praktischer Punkt, den Maximalisten ins Treffen führen können: Wer nicht demonstrieren darf, kann Mißstände nicht öffentlich anklagen, wer hungern muß, hat keine Kraft, für die Freiheit auf die Straße zu gehen oder ganz allgemein: Wem Zeit, Kraft und Geld fehlen, kann sich nicht informieren, geschweige denn sich politisch beteiligen. Bis zu einem gewissen Verwirklichungsgrad bilden bestimmte soziale und wirtschaftlich Rechte die Voraussetzung für ein menschenrechtsgerechtes, menschenwürdiges Leben. (Vgl. Klingst, 2016, S. 11, Clapham, 2013, S. 157, Fritzsche, 2016 S. 23, 106)

Was sind Menschenrechte eigentlich, um welche Entitäten handelt es sich dabei? So allgemein gestellt, kann diese Frage naturgemäß nicht beantwortet werden: Die Antwort hängt u. a. davon ab, ob wir sie auf der politischen, rechtlichen, philosophischen oder moralischen Ebene stellen, ob wir sie an angelsächsische oder deutschsprachige Autoren stellen und für welche Zeit wir sie stellen! (Vgl. Gosepath / Lohmann, 2015, S. 9-14, Tugendhat, 2015, S. 48, Lohmann, 2015, S. 62f., Wildt, 2015, S. 125 ) Uns soll es im folgenden primär um den *aktuellen* Menschenrechtsbegriff auf der *politisch-moralischen* Ebene gehen.

Der Rechtsbegriff ist im Juridischen beheimatet, im Bereich des positiven, des „gesatzten" Rechts. Gewiß: Seit dem Zweiten Weltkrieg sind Menschenrechte Gegenstand positiv-rechtlicher Regelungen. Aber als Menschenrechte bezeichnen wir ja auch die normativen, „vorstaatlichen" *Grundlagen*, auf die sich diese Regelungen berufen! Und von Menschenrechten reden wir vor allem auch dann, wenn wir das *Fehlen* entsprechender Gesetze in autoritären Staaten beklagen, wenn wir etwa die fehlende Presse- oder Religionsfreiheit anprangern. Mit anderen Worten: Eine rein juridische Charakterisierung oder Kategorisierung von Menschenrechten greift auf alle Fälle zu kurz: weil Menschen menschenrechtliche Ansprüche haben, unabhängig davon, ob es im betreffenden Staat entsprechende juridische Regelungen gibt. Welcher Art sind nun diese menschenrechtlichen Ansprüche?

Die unter Philosophen gängige Antwort lautet: Menschenrechte sind „moralische" Ansprüche oder Rechte. (Vgl. Tugendhat, 1993, Lohmann, 2015, Wildt, 2015) Wobei unter moralischen Rechten solche zu verstehen sind, die jedes Individuum gegenüber jedem anderen Individuum geltend machen kann: weil es Ansprüche eines Menschen in seiner Eigenschaft als Mitglied der menschlichen Gemeinschaft sind. (Menke / Pollmann, 2017, S. 21f., 24–27)

„Die Regeln der Moral besagen, dass jeder Mensch jeden anderen Menschen als *Gleichen* achten soll. Diesem Sollen, dieser moralischen ‚Pflicht' entspricht das moralische ‚Recht' eines jeden Menschen, von jedem anderen als Gleicher geachtet zu werden." (Ebenda, S. 28)

Dieses allseitige moralische Anerkennungsverhältnis ähnelt stark dem "Naturzustand", wie er von jenen Philosophen des 17. und 18. Jahrhunderts beschrieben wurde, die zur Ausbildung der Menschenrechtsidee beigetragen haben. John Locke (1989, § 6, S. 203, zit. n. Menke / Pollmann, 2017, S. 28) schrieb:

„Im *Naturzustand* herrscht ein natürliches Gesetz, das jeden verpflichtet. Und die Vernunft, der dieses Gesetz entspricht, lehrt die Menschheit, wenn sie sie nur befragen will, daß niemand einem anderen, da alle gleich und unabhängig sind, an seinem Leben und Besitz, seiner Gesundheit und Freiheit Schaden zufügen soll."

Solche „natürlichen" Rechte gehen allen gesellschaftlichen Regelungen voraus bzw. liegen ihnen zugrunde. Die moderne Interpretation von Menschenrechten als „moralische" Rechte kann als Versuch angesehen werden, an die naturrechtliche Idee vor- bzw. außergesellschaftlicher Rechte anzuknüpfen – freilich ohne die problematische Vorstellung, daß diese Rechte „natürlich" seien.

Gegen diese Positionierung bzw. Interpretation von Menschenrechten gibt es aber einen schwerwiegenden Einwand: Menschenrechte seien deshalb keine moralischen Rechte, weil sie einen anderen Adressaten als moralische Rechte haben: nicht „alle" Menschen, sondern eine bestimmte Öffentliche Ordnung. Ein Beispiel: Wenn von Menschenrechtsverletzungen in einem bestimmten Land die Rede ist, ist ja nicht gemeint, daß sich dort einige, geschweige denn „alle" Menschen nicht menschenrechtskonform verhalten, sondern, daß es in diesem Land strukturelle Mängel in der öffentlichen Ordnung gibt! Mit anderen Worten: Menschenrechte unterscheiden sich von moralischen Rechten dadurch, daß sie keine unmittelbaren Ansprüche an einzelne Menschen sind, sondern vor allem Ansprüche an die herrschende öffentliche, politische Ordnung: Menschenrechte sind Forderungen an die Politik, an den Staat.

Die Charakterisierung von Menschenrechten als moralische Rechte kann sinnvollerweise also nur so verstanden werden, daß damit etwas darüber ausgesagt wird, woher die Ansprüche an die öffentliche Ordnung *stammen*: Sie stammen daher, daß die Menschen, die dieser Ordnung unterworfen sind, gegenüber einander moralische Rechte haben. Und *weil* alle Menschen verpflichtet sind, einander zu achten, ist auch die öffentliche Ordnung verpflichtet, alle Menschen gleichermaßen zu achten. Die These vom moralischen Charakter der Menschenrechte besagt also, daß sich die Grundbestimmungen der öffentlichen Ordnung aus den Grundregeln der Moral ergeben.

Halten wir als Ergebnis der bisherigen Analysen in bezug auf die zutreffende Charakterisierung von Menschenrechten fest: *Menschenrechte sind Ansprüche an die öffentliche, politische Ordnung.*

Einen grundlegenden Einwand gegen die dargestellte moralische Interpretation von Menschenrechten haben prominent Jürgen Habermas (1992, 1999) und John Rawls (2002) vorgebracht: Wenn Menschenrechte Ansprüche an die Politik sind, dann dürfen sie dieser nicht – wie etwa das Naturrecht – quasi von außen verordnet oder zugeordnet werden, sondern müssen vielmehr auch von der Politik selbst erhoben werden: Menschenrechte seien, so die Gegenposition zur moralischen Konzeption von Menschenrechten, vor allem eine *politische* Kategorie: (Menke / Pollmann, 2017, S. 28–32, 42)

„Menschenrechte … dürfen … einem Souverän nicht gleichsam paternalistisch übergestülpt werden. Die Idee der rechtlichen Autonomie der Bürger verlangt ja, daß sich die Adressaten des Rechts zugleich als dessen Autoren verstehen können. Dieser Idee widerspräche es, wenn der demokratische Verfasssungsgesetzgeber die Menschenrechte als so etwas wie moralische Tatsachen schon vorfinden würde, um sie nur noch zu positivieren." (Habermas, 1996, S. 301, zit. n. Menke / Pollmann, 2017, S. 32f.)

Menschenrechte, so der Kern der politischen Konzeption der Menschenrechte, resultieren nicht aus der (moralischen) Selbstverpflichtung jedes einzelnen Menschen, sondern aus der (politischen) Selbstverpflichtung der für die öffentliche Ordnung Verantwortlichen. Oder, mit anderen Worten: Gemäß der moralischen Konzeption der Menschenrechte hat der einzelne Ansprüche an die öffentliche Ordnung, weil er moralische Rechte besitzt, die von jedem anderen Menschen respektiert werden sollen. Gemäß der politischen Konzeption der Menschenrechte hat der einzelne Ansprüche an die öffentliche Ordnung, weil er Mitglied einer politischen Gemeinschaft ist, die diese Ordnung selbst hervorbringt. Die basale Charakterisierung von Menschenrechten bleibt von diesen beiden möglichen Interpretationen bzw. Begründungen unberührt: Menschenrechte sind Ansprüche an die öffentliche, politische Ordnung. (Menke / Pollmann, 2017, S. 33, 38, 42)

Zum besseren Verständnis der alternativen Menschenrechtskonzeptionen (der politischen und der moralischen) und damit natürlich auch des Menschenrechtsbegriffs selbst soll ergänzend noch auf ein paar Einzelaspekte eingegangen werden.

Für die politische Interpretation von Menschenrechten spricht, daß sie umstandslos einen wichtigen Aspekt des Begriffs Menschenrechte erklären und veranschaulichen kann: Menschenrechte zielen nicht, wie dies bei moralischen (und auch juridischen) Rechten der Fall ist, primär auf einzelne Handlungen oder Unterlassungen ab, sondern auf die Herstellung bestimmter Verhältnisse, nämlich solcher Verhältnisse, in denen alle Menschen gleichberechtigt berücksichtigt werden. Damit rückt der politische Aspekt der Menschenrechte ins Blickfeld, der bei der moralischen Menschenrechtskonzeption zu kurz zu kommen droht.

Eine Stärke der moralischen Begründung von Menschenrechten ist hingegen, daß sie den „vorstaatlichen" Aspekt der Menschenrechte gut und „logisch" verdeutlichen kann. Ausserdem bedarf der moralisch interpretierte Menschenrechtsbegriff keiner „demokratischen Basis", soll heißen: Er kann auch dort das Vorhandensein und die Geltung von Menschenrechten plausibel behaupten und fordern, wo politische Gemeinwesen undemokratisch, brüchig oder desaströs sind. (Ebenda, S. 68f.)

Was die „Unantastbarkeit" für die Menschenwürde ist, ist die „Universalität" für die Menschenrechte: das Prädikat, das einem als erstes einfällt. Leider erweisen sich beide berühmten Eigenschaften bei näherer Betrachtung als alles andere als einfach oder eindeutig. Was ist gemeint, wenn von der „universellen Geltung" der Menschenrechte die Rede ist? Christoph Menke und Arnd Pollmann (2017, S. 71, vgl. Fritzsche, 2016, S. 23) zählen folgende Eigenschaften auf:

- daß Menschenrechte *allgemein* gelten: für alle Menschen,
- daß Menschenrechte *identisch* gelten: für alle Menschen in gleicher Bedeutung,
- daß Menschenrechte *egalitär* gelten: für alle Menschen in gleichem Maße,

- daß Menschenrechte *unteilbar* sind: als „Gesamtpaket" gelten,
- daß Menschenrechte *kategorisch* gelten: bedingungslos gelten.

Daß die Universalität der Menschenrechte de facto durchaus differenziert gesehen und gehandhabt wird, wurde oben ja bereits deutlich: eine Rangordnung der Menschenrechte ist faktisch gegeben (unterschiedlicher völkerrechtlicher Status von „Zivilpakt" und „Sozialpakt") und philosophisch-konzeptionell wünschenswert (um den transhistorischen und transkulturellen Anspruch der Menschenrechte zu wahren). Außerdem existieren unterschiedliche Auffassungen darüber, wieviele („echte" / „wichtige" / „fundamentale") Menschenrechte es überhaupt gibt bzw. geben soll. (Minimalistisches versus maximalistisches Verständnis der Menschenrechte)

Hinzu kommt der relativistische Einwand gegen universell gültige Menschenrechte: Es sei unmöglich, eine normative Grundkonzeption zu formulieren, die legitimerweise universelle Gültigkeit, also Anwendbarkeit auf alle Menschen beanspruchen kann. Vielmehr müßten, so die relativistische Kiritik, die höchst unterschiedlichen sozialen, ökonomischen, kulturellen und religiösen Verhältnisse der Menschen berücksichtigt werden. Deshalb könnten Menschenrechte nicht überall für alle gleichermaßen richtig bzw. gültig sein.

In diesem Zusammenhang gilt es zu unterscheiden zwischen der allgemeinen Idee politischer Gerechtigkeit und der speziellen Idee gleicher Rechte aller Menschen - und zuzugestehen: Es gibt viele Konzepte politischer Gerechtigkeit, die nicht der Idee allgemeiner Menschenrechte entsprechen. Typischerweise sind das solche Konzepte, die der Idee der Gleichheit aller Menschen widersprechen und Ungleichheiten sehr wohl akzeptieren, etwa bei politischer Beteiligung, Zugang zu öffentlichen Ämtern, Meinungs- und Religionsfreiheit. Solche Ungleichbehandlungen seien, so die Verfechter dieser Konzepte, wohlbegründet: etwa durch unterschiedliche Fähigkeiten und Verantwortlichkeiten verschiedener Gruppen (Männer, Frauen, Geistliche, Laien, Gebildete, Ungebildete usw.). Gerechtfertigt seien solche Ungleichbehandlungen immer dann, wenn sich die Gemeinschaft über sie einig ist - etwa aufgrund desselben Glaubens oder aufgrund derselben moralischen Überzeugungen. (Menke / Pollmann. 2017, S. 74–76)

Schließlich zur relativistischen Kritik am einheitlichen Menschenbild, das dem Konzept universalistischer Menschenrechte zugrundeliege: Es sei doch offensichtlich, daß sich verschiedene Kulturen wesentlich darin unterscheiden, wie sie den Menschen sehen und verstehen („kulturelle Differenz"). Darauf antworten die universalistischen Verteidiger der Menschenrechte, daß man sich lediglich auf minimale, also allgemeinste anthropologische Annahmen beziehe. (Vgl. Nussbaum, 1999, Höffe, 2015) (Menke / Pollmann, 2017, S. 87f.)

# 2.
# Menschenrechte werden nicht nachvollziehbar begründet

Wie werden Menschenrechte eigentlich begründet? Wie in der Philosophie üblich finden sich auch zu dieser Frage praktisch alle Positionen – vom Leugnen jeder Begründbarkeit bis hin zur absoluten Begründbarkeit. (Vgl. Gosepath / Lohmann, 2015, S. 11f., Wildt, 2015, S. 125) Allerdings herrscht heute weitgehendes Einvernehmen darüber, daß die *Menschenwürde* das Fundament der Menschenrechte darstellt. (Vgl. Fritzsche, 2016, S. 21, 55) Das ist übrigens erst seit dem Zweiten Weltkrieg so! In den klassischen Menschenrechtserklärungen des 18. Jahrhunderts kommt der Würdebegriff nicht vor. (Ebenda, S. 61) Und wenn im 19. Jahrhundert von „menschenwürdig" die Rede war, ging es meist um die Forderung nach Verbesserungen in den Lebensverhältnissen der Proletarier. Einen begrifflichen Bezug zu Menschenrechten gab es dabei nicht.

Das änderte sich, wie gesagt, erst nach dem Zweiten Weltkrieg. In der Allgemeinen Erklärung der Menschenrechte von 1948 ist gleich im ersten Satz der Präambel von der „Anerkennung der angeborenen Würde und der gleichen und unveräußerlichen Rechte" die Rede. Und Artikel 1 erklärt: „Alle Menschen sind frei und gleich an Würde und Rechten geboren." Noch deutlicher das Deutsche Grundgesetz von 1949 im ersten Artikel: „Die Würde des Menschen ist unantastbar." Menschenrechte und Menschenwürde bilden in den folgenden Jahrzehnten eine un-

41

zertrennliche Einheit. (Menke / Pollmann. 2017, S.129f.)

Aber Würdebegriffe gibt es mehrere. In der römischen Antike bezog sich „Würde" meist auf die herausgehobene Stellung von Personen des öffentlichen Lebens. Inhaber hoher Ämter genossen einen besonderen Ruf, der ihre Würde begründete. Spätestens im Mittelalter wurde in der Theologie diese herausgehobene Stellung *einzelner* Menschen auf *den* Menschen übertragen: weil der Mensch – Stichwort: Gottes Ebenbild – eine besondere Bedeutung im Rahmen der Gesamtschöpfung einnehme und ihm dadurch eine besondere Würde zukomme. Im Zuge von Renaissance und Aufklärung und v. a. durch Kant wird dieser universalisierte Würdebegriff säkularisiert: Die Würde des Menschen resultiert nun nicht mehr aus seiner herausragenden Stellung innerhalb der Schöpfung, sondern aus seiner Vernunft und Selbstbestimmtheit. Der Mensch wird quasi selbst zu einem anbetungswürdigen Wesen. (Menke / Pollmann, 2017, S. 132f.)

Bemerkenswerterweise entspricht der moderne Menschenrechts-relevante Würdebegriff keiner dieser traditionellen Bedeutungsvarianten. Vielmehr hat der Aufstieg des Würdebegriffs zu internationaler Bedeutung im Zusammenhang mit Menschenrechten – zumindest auch – einen recht nüchternen, sachlichen Grund: Er ermöglichte recht unterschiedlichen, zum Teil gegensätzlichen ideologischen Positionen, wie etwa Sozialismus, Liberalismus und Katholizismus, sich auf einen gemeinsamen Leitbegriff, eben die Menschenwürde, zu verständigen. (Menke / Pollmann, 2017, S. 130f., Fritzsche, 2016, S. 61)

Quasi als Vorschau und Vorwarnung im Hinblick auf den Preis, um den diese „elegante Einigung" erkauft wurde, nämlich: inhaltliche Ungereimtheiten und Widersprüche, ein paar Bemerkungen zur notorischen „Unantastbarkeit" der Menschenwürde: Was bedeutet eigentlich die Behauptung, die Würde des Menschen sei unantastbar? Wir wissen doch alle, daß das genaue Gegenteil zutrifft: *daß* die Würde des Menschen antastbar ist – etwa durch Demütigungen oder Folter! Was hat es also mit der behaupteten Unantastbarkeit der Menschenwürde auf sich, ist sie nun unantastbar oder nicht?

„Nach herrschender Meinung der Verfassungsrechtler haben wir es hier mit einer offenbar nicht ganz ungewollten grammatikalischen Ungenauigkeit zu tun. Der Indikativ ‚ist unantastbar' soll das Bestehen eines Sachverhaltes bloß suggerieren. In Wirklichkeit aber werde keine Tatsache im strikten Sinne deklariert, sondern lediglich eine besonders starke Forderung: Die Würde des Menschen *darf unter keinen Umständen* angetastet werden." (Menke / Pollmann, 2017, S. 132)

Und wie sieht die aktuelle Würdedebatte aus? Einen Überblick über die philosophischen Grundpositionen vermitteln die Diskussionen um medizinethische Fragen des Embryonenschutzes: Stammzellenforschung, Präimplantationsdiagnositk, Gentherapie und reproduktives sowie therapeutisches Klonen haben die Frage, wie weit der Würdeschutz gehen sollte bzw. (ab) wann von Würde überhaupt sinnvollerweise gesprochen werden könne, endgültig ins Zentrum bioethischer Erwägungen, Entscheidungen und Bewertungen gerückt. Zwei Fragen bieten sich als Ausgangspunkt für weitere Klassifizierungen an:

1) Was ist der Adressatenkreis der Würde, wem kommt Würde zu? Jeder menschlichen Lebensform? Oder handelt es sich bei der Würde um eine Eigenschaft, die erst im Laufe eines Menschenlebens erworben wird bzw. in Erscheinung tritt? („Würde gegeben" versus „Würde erworben")

2) Kommt die Würde jedem Träger gleichermaßen zu oder gibt es Abstufungen der Würde? Besitzen etwa tiefgefrorene befruchtete Eizellen die gleiche Würde wie erwachsene Menschen oder können bzw. müssen hier rechtliche und moralische Abstufungen erfolgen? („nicht-abstufbare Würde" versus „abstufbare Würde")

Aus beiden Fragen resultieren vier Grundpositionen:

a) Würde gegeben / nicht-abstufbar: Würde ist von Anfang an allen menschlichen Lebensformen gegeben und in allen Fällen gleich ausgeprägt. Jede wertende Unterscheidung zwischen verschiedenen Entwicklungsstadien ist letztlich willkürlich und daher unangemessen. Der die Würde begründende Vorgang bzw. Zeitpunkt ist die Verschmelzung von Ei- und Samenzelle, spätestens die Einnistung der Zygote in die Gebärmutter. Würde wird hier verstanden als eine Art Mitgift aufgrund des biologischen Menschseins.

b) Würde gegeben / abstufbar: Würde ist von Anfang an allen menschlichen Lebensformen gegeben, kann aber unterschiedlich ausgeprägt sein. Zwar trägt jeder Menschen den Kern der Menschenwürde in sich, aber dessen Entfaltung hängt auch von objektiven Bedingungen bzw. von einer menschenwürdigen Lebenssituation ab. Würde wird hier (auch) als Potenzial verstanden.

c) Würde erworben / nicht-abstufbar: Würde ist nicht von Anfang an allen menschlichen Lebensformen gegeben, entscheidend für das Würde-Haben sind vielmehr bestimmte Charakteristika des menschlichen Person-Seins wie Überlebensinteresse, Selbstachtung und Autonomie. Solange ein Mensch aber in diesem Sinne eine Person ist, darf ihm sein Würdestatus auch nicht mehr genommen werden, weder grundsäztlich noch graduell. Für Personen gilt: Einmal Würde, immer Würde. Würde wird hier also als Fähigkeit verstanden.

d) Würde erworben / abstufbar: Auch hier ist (wie bei c)) die Würde an „personales" menschliches Leben geknüpft. Allerdings sind graduelle Abstufungen möglich: Würde muß nicht nur erworben, sondern auch verteidigt werden. Erst wenn sich eine Person gesellschaftlich entsprechend auszeichnet, wird ihr jene Achtung zuteil, die mit der Zuerkennung von Würde einhergeht. Würde wird hier also als eine Art Leistung verstanden. (Auf bioethische Fragen im Hinblick auf menschliche Embryonen findet diese Begriffsbestimmung von Würde freilich keine Anwendung.) (Ebenda, 2017, S. 133–137)

Daß auch dieser moderne Würdebegriff völlig untauglich ist, als Fundament der Menschenrechte zu dienen, springt einem förmlich ins Auge – und das schon auf formaler Ebene: weil er in vier verschiedenen Varianten auftritt! Eine ausführliche Befassung mit den inhaltlichen Aspekten dieses Würdebegriffs können wir uns also ersparen. Dazu nur so viel: Selbst Menke und Pollmann (2017), die sich als ausdrückliche Verfechter des Würdebegriffs im Zusammenhang mit der Begründung und Formulierung der Menschenrechte zu erkennen geben (S. 130), räumen ein, daß im Hinblick auf den Inhalt der Würde in der Debatte „größte Uneinigkeit und Verwirrung" herrschen (S. 139) und sie attestieren der Würde „ein auf den ersten Blick eher befremdliches Begriffsbild" (S. 142).

Auf abenteuerlichem Weg retten sich Menke und Pollmann schließlich in folgendes Konzept: Würde bezeichne ein *Potenzial*, und zwar das Potenzial, ein Leben in Selbstachtung zu führen. Und zur Verwirklichung dieses Potenzials bedarf es der Menschenrechte. Menschenwürde und Menschenrechte sind quasi zwei Seiten einer Medaille: (S. 146ff.)

„Die Anerkenntnis der Würde eines jeden Menschen und die Anerkenntnis der Rechte eines jeden Menschen gehören zusammen. Es sind nicht zwei Akte, die getrennt vollzogen werden können." (Ebenda, S. 154)

Hinzu kommt – und spätestens hier drängen sich auch dem wohlmeinendsten Beobachter Assoziationen zu Zirkus und Zauberei auf: Das Verhältnis von Menschenwürde und Menschenrechten gibt es in zwei – diametral entgegengesetzen! – Varianten, gemäß der „gelingenstheoretischen Konzeption" und gemäß der „freiheitstheoretischen Konzeption":

„Entweder ist die Menschenwürde das sinngebende *Ziel* einer Realisierung der Menschenrechte oder aber sie ist die sinngebebende *Voraussetzung* eines richtig verstandenen Begriffs der Menschenrechte." (Ebenda, S. 165)

Eine noch dubiosere Verbindung von Menschenwürde und Menschenrechten präsentiert uns Hans Joas (2015): „Ich schlage vor, den Glauben an die Menschenrechte und die universale Menschenwürde als das Ergebnis eines spezifischen Sakralisierungsprozesses aufzufassen" (S. 18), und zwar eines Sakralisierungsprozesses der Person (ebenda) – entsprechend dem Titel seines Buches: „Die Sakralität der Person. Eine neue Genealogie der Menschenrechte." Eine der vielen Fragen und Probleme, die das Buch aufwirft, ist, daß darin trotz des klaren Untertitels Menschenrechte kaum vorkommen. (Dreier, 2018, S. 158)

Stutzig macht auch, daß es sich bei dieser Genealogie der Menschenrechte um eine „affirmative Genealogie" handeln soll. (Joas, 2015, S. 15) Das läßt berechtigte Zweifel an der neutralen, wissenschaftlichen Haltung des Autors aufkommen. (Vgl. Dreier, 2018, S. 162) Wenig erhellend auch Joas' (2015, S. 22) Hinweis: „Die affirmative Genealogie ... erzwingt logisch und geradezu ästhetisch eine weder rein chronologische noch rein logische Form."

Fragwürdige Konstrukte, wie sie etwa Menke / Pollmann oder Joas vorlegen, korrespondieren mit quasi anektotischen Charakterisierungen oder Kritiken der Menschenwürde. Immerhin erfahren wir, was die Menschenwürde *nicht* ist: sie ist „nicht abwägbar" (Papier,

2008, S. 25), „nicht abwägungsfähig" (Grimm, 2007, S. 14), „vor allen Dingen auch nicht wegwägbar." (Papier, 2008, S. 25) Theodor Heuss bezeichnet sie als „nichtinterpretierte These". (Tiedemann, 2006, 28f.) Beim Versuch festzustellen, was die Menschenwürde positiv ist, wird es eher schwierig:

„In vielen Staaten, in denen die Menschenwürde als Verfassungsprinzip anerkannt ist, besteht jeweils ein mehr oder weniger intensiver juristischer Diskurs über den Inhalt und die Funktion der Menschenwürde, ohne dass irgendwo auf der Welt eine sichere Überzeugung von einem hinreichend bestimmten Inhalt des Prinzips festgestellt werden kann." (Ebenda, S. 33)

An pathetisch-kryptischen Charakterisierungen herrscht immerhin kein Mangel, so formuliert etwa Jörg Paul Müller geheimnisvoll: „Der Satz von der Menschenwürde eröffnet für die Grundlegung und Konkretisierung der Verfassung die philosophische Perspektive eines letztlich nicht fassbaren Eigentlichen des Menschseins." (Müller, 1999, S. 4, zit. n. Tiedemann, 2006, S. 29) Nach Dieter Birnbacher (1995, S. 4) werde der Begriff der Menschenwürde tendenziell als „eine Art Glaubensartikel" beschworen - wozu Bischof Wolfgang Hubers (2006, S. 49) Bemerkung paßt: „Nur die Religion erklärt mit, warum der Mensch seine Würde nie verlieren kann. Er hat sie von Gott geschenkt bekommen."

Pragmatisch-zynisch Peter Singer (1982, S. 267) zur menschlichen Motivlage in bezug auf die Menschenwürde:

„Warum sollten wir uns nicht selbst ‚innere Würde‘ oder ‚inneren Wert‘ zuerkennen? Warum sollten wir nicht sagen, daß wir das einzige im Universum sind, was inneren Wert hat? Unsere Mitmenschen werden den Ritterschlag, den wir ihnen zubilligen, kaum zurückweisen, und diejenigen, denen wir die Ehre versagen [die Tiere, HFK], sind nicht in der Lage, Einwände dagegen vorzubringen.“

Viel spricht für Ferdinand von Schirachs (2015, S. 139) entwaffnend geradlinig-nüchterne Position: Die Würde des Menschen sei eine menschliche Erfindung. Fest steht jedenfalls: An der Stelle des herkömmlich behaupteten Fundaments der Menschenrechte, an der Stelle der Menschenwürde, existiert – bestenfalls (siehe von Schirach) – ein aberwitziges Begriffschaos bzw. eine Ansammlung halsbrecherischer Gedankenkonstrukte. Von einer rationalen, allgemein nachvollziehbaren Basis der Menschenrechte kann keine Rede sein.

# 3.
## Menschenrechte sollten nachvollziehbar begründet werden

Wenn wir *allen* Menschen Menschrechte zusprechen, dann sollten Menschenrechte auch für *alle* Menschen nachvollziehbar sein, also u. a. glaubensunabhängig formuliert werden. Schließlich haben nicht nur Christen oder Juden oder Moslems Menschenrechte, sondern Angehörige aller Religionen. Und auch für Agnostiker und Atheisten sollten Menschenrechte nachvollziehbar sein. Es bedarf also einer rationalen, säkularen Begründung von Menschenrechten.

Religiöse Vereinnahmungsversuche auf Recht und Gesellschaft dürfen nicht auf die leichte Schulter genommen werden. Zu Recht verweist Udo Di Fabio in seinem Artikel „Gott steht im Grundgesetz" ausdrücklich auf „das Neutralitätsprinzip, das dem säkularen Staat Distanz zu Glaubensinhalten und Glaubenssymbolen abverlangt" (Di Fabio, 2018, S. 4) – wenngleich er selbst im gleichen Text (siehe Titel!) einen gefährlich wohlwollenden Blick auf Verwässerungen ebendieses Neutralitätsprinzips wirft. Doch konkret zurück zu Menschenrechten: Wie können diese in einer säkularen, pluralistischen Gesellschaft plausibel begründet werden?

Naheliegenderweise mit einleuchtenden Begründungsarten, wie sie ansatzweise durchaus vorliegen (Fritzsche, 2016, S. 24):

- mittels Rückgriff auf grundlegende Fähigkeiten, die für ihre Verwirklichung Menschenrechte erfordern;

- mittels Rückgriff auf grundlegende Bedürfnisse, die zu ihrem Schutz Menschenrechte erfordern.

Stefan Gosepaths (2015, S. 167) Charakterisierung der sozialen Menschenrechte verdeutlicht das Prinzip dieses Begründungsmodus recht anschaulich:

„Soziale Rechte werden sehr häufig so verstanden, daß sie auf der besonders wichtigen Bedeutung bestimmter Güter beruhen. Diese Idee greift die Bedürfnisauffassung auf. Als moralische Basis sozialer Anspruchsrechte gilt ihr die Vermeidung von moralisch relevantem Leid. Soziale Menschenrechte lassen sich … rekonstruieren als Schutz vor Verletzungen, deren Bedeutung durch *basale Bedürfnisse* oder *essentielle Interessen* [Hervorhebungen von mir] … bestimmt wird. Soziale Rechte sind nach diesem Ansatz Ansprüche auf etwas, das alle Menschen für das menschliche Leben überhaupt brauchen. Der Mensch als verletzliches Wesen fungiert … als universale, anthropologische Grundlage der Menschenrechte."

Andreas Wildt (2015, S. 124) weist darauf hin, daß wir es bei Menschenrechten mit zwei Ebenen zu tun haben, mit einer faktischen und einer normativen: mit dem Inhalt von Menschenrechten und mit der Forderung, daß Menschenrechte auch respektiert bzw. umgesetzt werden: Menschenrechte seien Prinzipien einer Partial- oder Minimalgerechtigkeit und diese beziehe sich erstens auf *fundamentale Interessen* und beanspruche zweitens *universale Gültigkeit*.

Noch deutlicher Otfried Höffe (2015, S. 34): Angeborene Interessen, wenn sie sich denn finden ließen, wären quasi erst die halbe Miete, sprich: würden verständlich machen, daß alle Menschen Interessen haben. Unerklärt bliebe aber noch, daß damit entsprechende subjektive Rechte einhergingen. Dieser Punkt würde meist übersehen:

„Die begriffliche Differenz, die zwischen einer anthropologischen Vorgabe, der Bedrohung angeborener Interessen, und einer rechtsmoralischen Aufgabe besteht. Wer die Differenz überspringt, versucht einen legitimatorischen Salto, mit dem er doch nur die Frage offenläßt: Wieso darf ich von den anderen beanspruchen, daß sie die mir unverzichtbaren Interessen anerkennen?" (Ebenda, S. 36)

An dieser Stelle soll sicherheitshalber noch einmal klargestellt und betont werden: Die Bedeutung und Berechtigung von Menschenrechten wurde von uns ohnehin nie in Zweifel gezogen! Kritisiert wurde lediglich, daß an der Stelle des behaupteten Fundaments der Menschenrechte, der Menschenwürde, ein Loch klafft, ein begriffliches Chaos herrscht oder aberwitzige Gedankenkonstrukte präsentiert werden.

Zurück zur Frage: Wie können Menschenrechte in einer säkularen, pluralistischen Gesellschaft plausibel begründet werden? Wir sahen:

- durch Rückgriff auf Bedürfnisse, die zu ihrem Schutz Menschenrechte erfordern;
- durch Rückgriff auf Interessen, denen durch Menschenrechte Rechnung getragen wird;

- durch Rückgriff auf Fähigkeiten, die für ihre Entfaltung und Verwirklichung Menschenrechte erfordern.

Hinzugefügt sei, daß bestimmte Fähigkeiten bestimmte Bedürfnisse oder Interessen zur Folge haben können. So führt etwa die Fähigkeit zu denken und sich eine Meinung zu bilden zum Bedürfnis, diese Meinung auch frei äußern zu können.

Den Zweck von Menschenrechten können wir auf obiger Grundlage (Rückgriffe) jedenfalls so formulieren: *den Menschen ein soweit als möglich angemessenes, das heißt ihren Fähigkeiten, Bedürfnissen und Interessen entsprechendes Leben zu ermöglichen.* Und sieht man sich die Allgemeine Erklärung der Menschenrechte an, zeigt sich, daß sich die dort angeführten Rechte und Forderungen in eben diesem Sinne verstehen lassen. Ein paar Beispiele (Fassbender, 2014, S. 93ff.): Recht auf Leben, Freiheit und Sicherheit (Art. 3), Verbot der Sklaverei (Art. 4), Folterverbot (Art. 5), Schutz der Familie (Art. 16), Gedanken-, Gewissens- und Religionsfreiheit (Art. 18), Meinungsfreiheit (Art. 19), Versammlungsfreiheit (Art. 20), Recht auf soziale Sicherheit (Art. 22), Recht auf Ruhe und Erholung (Art. 24).

Die Menschen, die Fähigkeiten, Bedürfnisse und Interessen haben, und dank Menschenrechten ein diesen Fähigkeiten, Bedürfnissen und Interessen entsprechendes Leben führen können sollen, sind aber keine abstrakten Wesenheiten oder blut- und geistlosen Automaten – sondern eben: Menschen, rationale, sich ihrer selbst bewußte, autonome Menschen. Mit anderen Worten: Die Basis der Fähigkeiten, Bedürfnisse und Interessen, die durch Menschenrechte geschützt werden sollen, sind Rationalität, Selbstbewußtsein und Autonomie.

Kurzer Szenenwechsel: Bei bioethischen Fragen, etwa zur Abtreibung oder zu Embryonenexperimenten, manifestieren sich massive und bedenkliche begriffliche Unschärfen in bezug auf die Termini „menschliches Wesen" und „menschliches Leben". (Was etwa die Diskussion und Beantwortung der relevanten Frage, ob der Fötus bereits ein menschliches Wesen ist, empfindlich erschwert.) Peter Singer (2013, S. 140-142) plädiert dafür, das Problem mit den Termini „menschliches Wesen" und „menschliches Leben" mit dem Begriff „Person" in den Griff zu bekommen. Dieser Begriff wird sich auch bei unserer Fundierung von Menschenrechten als höchst hilfreich erweisen.

Singer (2013) verweist auf den „Oxford Dictionary", wonach eine der gängigen Bedeutungen von „Person" lautet: „ein selbstbewußtes oder rationales Wesen" (S. 142). John Locke definiert „Person" als „ein denkendes intelligentes Wesen, das Vernunft und Reflexion besitzt und sich als sich selbst denken kann, als dasselbe denkende Etwas in verschiedenen Zeiten und an verschiedenen Orten" (ebenda). Singer schlägt vor, „Person" zu verwenden in der Bedeutung selbstbewußtes und rationales Wesen (ebenda, S. 143), das sich seiner selbst „als distinkter Entität mit einer Vergangenheit und Zukunft" bewußt ist (ebenda, S. 175). Außerdem sind Personen nach Singer autonome Wesen. (Ebenda, S. 157f.)

Bevor wir auf die einzelnen Elemente des Person-Seins eingehen noch kurz zur Beziehung dieser Elemente zueinander. Die sollte man sich nicht als allzu strikt, „logisch" oder „mechanistisch" vorstellen. So bezieht sich Singer etwa, siehe oben, auf den Oxford Dictionary, in dem von einer Person als selbstbewußtem *oder* rationalem Wesen die Rede ist, während er dann selber vorschlägt, „Person" im Sinne von einem selbstbewußten *und* rationalen Wesen zu verwenden. Dann schreibt er wieder (ebenda, S. 189), daß Selbstbewußtsein alleine das Personsein konstituiert. An anderer Stelle (ebenda, S. 157) ist von der Autonomie als „Implikation" des Person-Seins die Rede, auf der nächsten Seite davon, daß Personen „vermutlich" autonom seien.

Andere Bezüge sind eher „logisch" bzw. selbsterklärend. Etwa, daß ein Wesen, daß sich seiner selbst als in der Zeit gleichbleibende Entität bewußt ist, automatisch bis zu einem gewissen Grad rational ist: Um sich dessen bewußt zu werden und bewußt zu sein, daß man zu verschiedenen Zeiten und an verschiedenen Orten und unter völlig unterschiedlichen Bedingungen dennoch das gleiche Selbst, das gleiche Ich, ist, bedarf der rationalen Verknüpfung vieler Fakten, Eindrücke, Erinnerungen usw. (Kaplan, 2014, S. 77) Ein anderer mehr oder weniger „selbstverständlicher" Zusammenhang ist der folgende (siehe ebenda): Einen Begriff von Vergangenheit und Zukunft zu haben, setzt bis zu einem gewissen Grad Selbstbewußtsein voraus: „Ein Bewußtsein von Vergangenheit und Zukunft ohne ein zumindest minimales Bewußtsein seiner selbst ... (ist) nicht denkbar." (Kuhse / Singer, 1993, S. 162)

Wie auch immer die Beziehungen zwischen den einzelnen Person-Elementen exakt, „logisch" sind oder sein könnten, wesentlich für das Person-Sein sind auf alle Fälle folgende Merkmale:

*Rationalität:* Rational zu sein, vernünftig zu sein, bedeutet, folgerichtig denken zu können, zum Beispiel Ursache-Wirkung-Zusammenhänge erfassen zu können. (Vgl. Kaplan, 2014, S. 56)

*Selbstbewußtsein:* Oft wird strikt unterschieden zwischen Bewußtsein und Selbsbewußtsein, zwischen quasi punktuellen bewußten Erlebnissen – etwa „ich habe Schmerzen", „mir ist heiß" – einerseits und dem Bewußtsein seiner selbst als im zeitlichen Ablauf identisches Wesen andererseits. In Wirklichkeit herrscht aber auch hier, wie in der gesamten Natur, evolutionäre Kontinuität - wir kommen auf den Punkt noch zurück. Den fließenden Übergang von Bewußtsein zu Selbstbewußtsein dokumentieren unter anderem Rosemary Rodd (1990, S. 131) und Frans de Waal (1997, S. 88f.). Dale Jamieson (1983, S. 146) betont die Fragwürdigkeit der Unterscheidung von „einfachem" und „reflexivem" Bewußtsein. Für Gary Francione (2014, S. 170) ist sich jedes empfindungsfähige Wesen notwendigerweise seiner selbst bewußt. Jean-Claude Wolf (1992, S. 11) bringt es auf den Punkt: „Wo evolutionäre Kontinuität ist, besteht auch Kontinuität des Bewußtseins."

*Autonomie:* Autonom sein heißt, fähig zu sein, eine Wahl treffen und das Ergebnis dieser Wahl auch selbst verwirklichen zu können (Singer, 2013, S. 158) oder allgemeiner, entscheiden zu können, wie man leben will (ebenda,

S. 126). Von hochgestochenen philosophischen Autonomiekonzepten, etwa Kants, soll hier nicht die Rede sein, denn dann müßten wir, worauf Steven M. Wise (2001, S. 246) richtigerweise hinweist, fast allen Menschen Autonomie absprechen. Solche „volle Autonomie" erreichten nur Menschen vom Schlage Aristoteles', Kants, Einsteins oder Freuds. (Vgl. Kaplan, 2014, S. 29f.)

*Begriff von sich selbst als in der Zeit identisch bleibendes Selbst:* Auf dieses Charakteristikum des Personseins sei noch einmal gesondert verwiesen: Personen wissen, daß sie im zeitlichen Ablauf sie selbst bleiben und haben daher nicht nur Erinnerungen an die Vergangenheit, sondern auch Erwartungen und Absichten im Hinblick auf die Zukunft und verhalten sich dementsprechend. (Singer, 2013, S. 174–180)

Zusammenfassend und allgemeinverständlich können wir jetzt in bezug auf Menschenrechte feststellen:

Der Zweck von Menschenrechten ist, den Menschen ein soweit als möglich angemessenes, das heißt ihren Fähigkeiten, Bedürfnissen und Interessen entsprechendes Leben zu ermöglichen. Grundlage dieser Fähigkeiten, Bedürfnisse und Interessen sind Rationalität, Selbstbewußtsein und Autonomie, also das Person-Sein.

Oder prägnanter:

Der Zweck von Menschenrechten ist, den Menschen ein Leben gemäß ihren Fähigkeiten, Bedürfnissen und Interessen als Personen zu ermöglichen.

# 4.
# Aus nachvollziehbar begründeten Menschenrechten folgen Tierrechte

Wer Menschenrechte befürwortet, muß konsequenterweise auch Tierrechte befürworten – weil auch viele Tiere Personen sind! Auch viele Tiere haben die Fähigkeiten, Bedürfnisse und Interessen von Personen. Das ist der Kern der Positionen, zu denen man gelangt, wenn man den moralischen Status von Menschen und Tieren sowie unsere moralische Verpflichtung gegenüber Menschen und Tieren auf nicht-religiöser, nicht-spiritueller und nicht-esoterischer, sondern auf rationaler und faktischer Basis erkundet.

Anfangs konnten, so Singer (2013), nur Menschenaffen zuverlässig als Personen identifiziert werden. Aber je mehr wir über die intellektuellen Fähigkeiten von Tieren wissen, desto mehr Tiere müssen wir als Personen klassifizieren. Derzeit: auch Elefanten, Delphine und einige Vögel. Allerdings sollten wir, wo wir unsicher sind, den Grundsatz „Im Zweifel für den Angeklagten" gelten lassen. Tun wir dies, kommen u. a. hinzu: Affen, Hunde, Katzen, Schweine, Seehunde, Bären, Rinder, Schafe, vielleicht auch Vögel und Fische. (S. 218; vgl. S. 180–184, 186f., 189)

Das tierliche Person-Sein beispielhaft anhand der einzelnen Person-Elemente aufzuzeigen, ist angesichts der komplexen Beziehungen zwischen diesen Elementen schwierig. Bei der Rationalität geht es vermutlich am ehesten, etwa im Hinblick auf das Erfassen-Können von Ursache-Wirkung-Zusammenhängen. Dazu auch gleich ein Beispiel.

„Bei einem Experiment ... gaben ... Forscher der Schimpansin Julia zwei Reihen von je fünf geschlossenen, durchsichtigen Behältern. Am Ende der einen Reihe war eine Schachtel mit einer Banane darin; die Schachtel am Ende der anderen Reihe war leer. Die Schachtel mit der Banane konnte nur mit einem besonders geformten Schlüssel geöffnet werden; das sah man, wenn man die Schachtel betrachtete. Dieser Schlüssel war nun in einer anderen verschlossenen Schachtel sichtbar, und um diese Schachtel zu öffnen, benötigte Julia einen weiteren besonderen Schlüssel, den man aus einer dritten Schachtel entnehmen musste, die nur mit jenem Schlüssel geöffnet werden konnte, der sich in der vierten verschlossenen Schachtel befand. Schließlich standen vor Julia zwei Anfangsschachteln, jeweils offen und mit einem besonderen Schlüssel darin. Julia war in der Lage, den richtigen Anfangsschlüssel zu wählen, mit dem sie die nächste Schachtel in der Reihe öffnen konnte, die am Ende zu der Schachtel mit der Banane führte." (Singer, 2013, S. 179)

Im folgenden ein paar „ganzheitliche" Beispiele tierlichen Person-Seins, die mehrere oder alle Person-Elemente betreffen:

Vitus Dröscher (1987a, S. 99f.) berichtet folgendes:

„Einen richtigen Lausejungenstreich leistete sich ein kanadisches Biberkind. Allmorgendlich zur gleichen Zeit wurde es mitsamt seinen Eltern, Anverwandten und älteren Geschwistern von einer Farmersfrau gefüttert. Da der vierbeinige Lümmel den anderen immer die besten Leckerbissen wegschnappen wollte, erschien er stets als erster an der Futterstelle.

Eines Tages aber hatte er die Zeit verbummelt, und als er aus dem Wasser sprang, drängten sich schon alle erwachsenen und größeren Biber um den Trog. Da lief der Kleine zum Fluß zurück und klatschte mit dem breiten Ruderschwanz dreimal hastig auf das Wasser. Das ist in der Bibersprache das Alarmsignal für höchste Gefahr. Wie der Blitz waren alle anderen Biber von der Bildfläche verschwunden, und der Frechdachs hatte das Futter für sich allein. ( … )

Überlegen wir einmal, was zu dieser ‚Leistung' des kleinen Bibers alles gehört: Einmal mußte er das Alarm- und Schrecksignal geben, ohne tatsächlich einen Schreck vor einem Raubtier bekommen zu haben. Er mußte sich also aus den Fesseln reinen Instinktverhaltens befreien und sein Handeln mit einer Absicht verbinden. Das gelang nur durch einen Akt der Selbstbetrachtung, der Reflexion: Er mußte wissen, wie seine Taten auf andere wirken, um sie hinters Licht zu führen."

Über einen Rhesusaffen im New Yorker Bronx Zoo berichtet Dröscher (ebenda, S. 100f.):

„Eines Tages war der gewitzte Kerl vom großen Affenfelsen verschwunden, und es dauerte einige Tage, bis man ihn in einem Park gefunden und wieder eingefangen hatte. Die Umzäunung, der Wassergraben und überhaupt alles wurde überprüft. Nirgends war eine Fluchtmöglichkeit zu entdecken. Aber am nächsten Morgen war der Ausreißer wieder weg.

Erneut übte sich ein Polizeiaufgebot im Tierfang. Und dann legte sich ein Wärter auf die Lauer, um dem Affen auf die Schliche zu kommen. In früher Morgendämmerung sah er endlich, wie das Tier aus einem Versteck eine Banane holte. Diese milde Besuchergabe hatte er extra für seinen Ausbruchplan zurückbehalten. Er lief damit zu dem breiten Wassergraben, der an das Elchgehege grenzt, und schwenkte die Banane gut sichtbar hin und her – genauso wie ein Wissenschaftler, der mit einer hinterlistigen Futterbelohnung ein Versuchstier zu irgendeiner Tätigkeit bewegen will.

Tatsächlich schwamm einer der großen Elche zu dem Rhesusaffen heran. Schnell steckte ihm der ebenso schlaue wie wasserscheue Kerl die Banane ins Maul, als Fahrkarte sozusagen, sprang auf den breiten Rücken und ließ sich mit diesem ‚Fährschiff‘ ins Nachbargehege übersetzen. Von hier aus war die Flucht dann nur noch ein Affenkinderspiel.“

Schließlich noch eine Geschichte über Paviane (ebenda, S. 101f.):

„Im Freigehege eines Zoos schwang sich das stärkste Männchen zum Sultan auf und verbot allen anderen Männchen intimen Umgang mit seinen ‚Damen‘. Ja, er duldete nicht einmal den kleinsten Flirt. Doch konnte der Gefürchte-te nicht immer und überall aufpassen. Hielt er einmal ir-gendwo im Schatten eines Felsens ein Schläfchen, konnte es schon geschehen, daß die Damen fremdgingen, ja sie legten es geradezu darauf an. Eine Haremsdame, die von ihrem Sultan längere Zeit vernachlässigt worden war, fing bei solch günstiger Gelegenheit unter Zurschaustellen all ihrer Reize ganz unverhohlen an, einen Junggesellen kirre zu machen.

In just diesem Augenblick erschien der Sultan wieder, und nun geschah das Unglaubliche: Als sei sie von einem Mörder bedroht, schrie die Seitenspringerin auf, riß sich los, gab dem eben noch Umworbenen eine Ohrfeige, floh laut jammernd in die Arme des verblüfften Sultans und ‚beschwerte‘ sich bei ihm, indem sie mit wütenden Gurgel-lauten böse zu dem von ihr Verführten hinüberschaute und mit den Armen auf die Erde trommelte. Und sie erreichte ihr Ziel: Der Sultan, der bei unerlaubten Intimitäten für gewöhnlich nur das Weib bestrafte, glaubte diese abgefeim-te Lüge. Erst vermöbelte er den schuldlosen Junggesellen ganz gehörig, und dann überhäufte er die ‚Leidgeprüfte‘ mit Zärtlichkeiten.“

Vorangehende Beispiele von Vitus Dröscher hatte ich auch in meinem Buch „Leichenschmaus“ (Kaplan, 2011) ange-führt. Der Totschlagvorwurf Anthropomorphismus, also der Vermenschlichung, ließ nicht lange auf sich warten. Schließlich haben ganze Forschergenerationen solch intel-ligentes, rationales, gezieltes tierliches Verhalten mit dem gebetsmühlenartig wiederholten Hinweis diskreditiert oder ignoriert, hier handle es sich um eine ebenso naive wie unzulässige Vermenschlichung der Tiere. In Wirklichkeit beruhe das tierliche Verhalten auf bloßem Instinkt, stupidem Lernen oder reinem Zufall. (Kaplan, 2016, S. 28)

Marian Stamp Dawkins (1994) hat systematisch nach allen möglichen Voreiligkeiten, Nachlässigkeiten und anderen Fehlern beim Schließen auf intelligentes, rationales, gezieltes tierliches Verhalten gefahndet. Dabei wendet sie konsequent das methodische Prinzip des Ockhamschen Messers an, wonach wir stets die einfachste, plausibelste Erklärung annehmen sollen. Ein Beispiel soll diesen Grundsatz verdeutlichen: Wenn ich am Morgen im Postkasten einen Brief vorfinde, ist es sinnvoll anzunehmen, daß ihn der Briefträger hineingelegt hat. Theoretisch sind natürlich auch andere Erklärungen möglich. Etwa, daß in der Nacht ein UFO vor dem Haus gelandet ist, dem grüne Marsmännchen entstiegen sind, die den Brief hineingelegt haben. Solange es die einfachere, plausiblere Erklärung mit dem Briefträger gibt, sollten wir entsprechend dem Ockhamschen Messer auch bei dieser bleiben, anstatt die zwar logisch mögliche, aber doch ziemlich unwahrscheinliche Marsmännchen-Version in Erwägung zu ziehen. (Kaplan, 2016, S. 29)

Aufgrund des systematischen und konsequenten Aussonderns unwahrscheinlicher Erklärungen gelangt Dawkins schließlich zu tierlichen Verhaltensphänomenen, bei denen intelligentes, rationales, gezieltes tierliches Verhalten (in unserer Terminologie: personales tierliches Verhalten) die einfachste Erklärung darstellt. Erfreulicherweise können wir Dawkins' Methode anhand eines Beispieles veranschaulichen, das dem letzten – mit Anthropomorphismus-Verdacht versehenen – Dröscher-Beispiel nicht unähnlich ist: (Ebenda, S. 29f.)

„Hans Kummer, der viele Jahre lang Paviane erforschte, beschrieb einen Fall, bei dem sich alle Mitglieder des Trupps, den er gerade beobachtete, ausruhten. Dann verlagerte eines der Weibchen innerhalb von 20 Minuten nach und nach seine Position über zwei Meter hinweg, so daß es schließlich hinter einen Felsen gelangte, wo es begann, einem halberwachsenen Männchen das Fell zu pflegen. Hätte das dominante Männchen der Gruppe das gesehen, hätte es die beiden angegriffen, doch von der Stelle, an der es saß, konnte es nur den Schwanz, den Rücken und den oberen Teil des Kopfes des Weibchens sehen. Seine Vorderseite und seine Hände waren für das dominante Männchen unsichtbar, ebenso das junge Männchen, das sich hinter den Felsen gekauert hatte. Mit anderen Worten, das erwachsene Männchen sah zwar, wo das Weibchen war, aber nicht, was es tat." (Dawkins, 1994, S. 178f.)

Natürlich könnte das Verhalten des Pavianweibchens auch als das Ergebnis eines reinen Lernvorgangs ohne jegliche Einsicht oder Intelligenz gedeutet werden: Es hat im Laufe der Zeit gelernt, daß man nur dann etwas in Ruhe machen kann, wenn man sich hinter einen Felsen zurückzieht. Dies hat das Tier vielleicht irgendwann zufällig entdeckt. Jetzt wendet es diese „Taktik" eben immer wieder einmal an. Mit Planung oder der Absicht, das „betrogene" Tier zu täuschen, hat dies alles nichts zu tun. (Ebenda, S. 179)

Zwei Dinge sprechen allerdings klar gegen diese Interpretation: Erstens passierten solche Täuschungsmanöver nicht ständig, sondern waren seltene Ereignisse – eingestreut zwischen „normalem", „echtem" Verhalten ohne Täuschung. Hätte das Pavianweibchen einfach ohne jegliche Einsicht einen „Trick" gelernt, würden wir annehmen, daß es diesen dauernd anwendet und nicht nur ab und zu. (Ebenda, S. 179f.)

Zweitens und vor allem ist da die extrem langsame Bewegung zum Felsen hin. Hätte das Pavianweibchen einfach stur gelernt, daß die einfachste Methode, um nicht vom dominanten Männchen verjagt zu werden, darin besteht, sich hinter einem Felsen zu verstecken, dann würden wir doch annehmen, daß es sich direkt dorthin begibt und sich nicht während einer Dauer von zwanzig Minuten buchstäblich zentimeterweise hinschmuggelt! (Ebenda, S. 180)

Letzteres verwundert hingegen überhaupt nicht, wenn wir annehmen, daß das Weibchen *erkannt* hat, daß es vom Männchen beobachtet wird, und nun *absichtlich* versucht, dieses zu täuschen. Dafür spricht auch die Position des Weibchens hinter dem Felsen: der Hinterkopf war für das Männchen sichtbar, nicht aber Gesicht und Hände. So wußte das Männchen, daß das Weibchen in der Nähe war, sah aber nicht, was es „Verbotenes" tat. (Ebenda)

„Dies ließe sich zwar als komplizierter Lernprozeß erklären (das Weibchen hatte sich gemerkt, daß es gejagt wird, wenn es nicht eine bestimmte Position zum Felsen einnimmt). Die einfachste Erklärung lautet jetzt aber: Das Weibchen wußte, was das Männchen reizt, und täuschte es daher absichtlich, indem es versuchte, seine Bewegungen auf den Felsen zu so unauffällig wie möglich zu machen. Als es dann hinter dem Felsen angelangt war, versuchte es, sein Tun vor dem Blick des Männchens zu verbergen. ( … ) Ockhams Messer favorisiert in diesem Fall wirkliche Einsicht, beziehungsweise Intelligenz." (Ebenda, S. 180f.)

Abschließend noch zwei besonders eindrucksvolle und anschauliche Beispiele für tierliches Person-Sein: das Gorillaweibchen Koko und die Schimpansin Washoe: (Vgl. Kaplan, 2016, S. 42–45)

In ihrem Beitrag „Zur Verteidigung des Personenstatus von Gorillas" charakterisieren Wendy Gordon und Francine Patterson (1994, S. 94f.) das Gorillaweibchen Koko so: Sie verständigt sich in einer Zeichensprache (die ihr gelehrt wurde), von der sie mehr als tausend Wörter beherrscht. Sie versteht gesprochenes Englisch und kann auf englisch gestellte Fragen in der Zeichensprache antworten. Außerdem kann sie gedruckte Wörter, darunter den eigenen Namen, lesen.

Kokos Selbstbewußtsein kommt unter anderem darin zum Ausdruck, daß sie vor dem Spiegel auf sich bezogene Handlungen vollzieht, etwa Grimassen schneidet oder ihre Zähne untersucht. Sie lügt, um unangenehme Folgen eigenen Fehlverhaltens zu vermeiden, erfindet Spiele, die sie alleine oder mit anderen spielt, und malt und zeichnet. Koko spricht über vergangene Ereignisse und versteht und verwendet Wörter wie „vorher", „nachher", „später" und „gestern".

Koko lacht über Scherze und macht auch selber welche. Sie weint, wenn sie verletzt ist oder alleine gelassen wird, und schreit, wenn sie sich fürchtet oder ärgert. Koko spricht über ihre Gefühle und benutzt dabei Wörter wie „glücklich", „traurig", „furchtsam", „freuen", „begierig", „enttäuschen", „böse" und vor allem „Liebe". Koko trauert um diejenigen, die gestorben sind oder die sie verlassen haben. Sie spricht darüber, was passiert, wenn jemand stirbt, wird aber nervös, wenn sie über ihren eigenen Tod oder über den ihrer Freunde sprechen soll.

Eine „Kollegin" (oder wohl besser: Leidensgenossin) von Koko ist die Schimpansin Washoe. (Fouts / Fouts, 1994, Fouts / Mills, 1998) Washoe wurde 1965 in West-Afrika geboren und für Versuche der Air Force „eingefangen". (Brensing, 2013, S. 136) Später wurde sie von den amerikanischen Wissenschaftlern Allen und Beatrice Gardner aufgezogen (Singer, 2013, S. 175) und wie ein menschliches Kind ohne Stimmbänder behandelt. (Vorangegangene Versuche, Schimpansen das Sprechen beizubringen, waren an deren fehlenden stimmlichen Vorausetzungen zum Sprechen gescheitert).

Die Gardners brachten Washoe die amerikanische Zeichensprache für Taubstumme bei. Damit war sie die erste Schimpansin, die je mittels einer menschlichen Sprache mit Menschen kommunizierte. Im Alter von fünf Jahren wurde Washoe von ihren menschlichen Zieheltern getrennt (Fouts / Fouts, 1994, S. 49f.), um an anderen wissenschaftlichen Projekten teilzunehmen.

Die Gardners besuchten Washoe erst nach vielen Jahren wieder. Washoe wurde vom bevorstehenden Besuch ihrer „Eltern" nichts gesagt. Es sollte eine Überraschung werden. Washoe lebte jetzt gemeinsam mit anderen Schimpansen, die (mit einer Ausnahme) die Gardners ebenfalls von früher her kannten, bei Roger und Deborah Fouts. Diese anderen Schimpansen hatten die Gardners allerdings erst vor relativ kurzer Zeit gesehen. (Ebenda, S. 56f., 64) Roger und Deborah Fouts beschreiben das Wiedersehen von Washoe mit ihren menschlichen „Eltern": Als die Gardners

„ins Haus kamen, taten die ... Schimpansen ... etwas für sie völlig Ungewöhnliches. Wenn Fremde uns besuchen, zeigen die Schimpansen normalerweise ein drohendes Verhalten, um die Fremden einzuschüchtern und zu vertreiben. Wenn wir als ihre vertrauten Freunde zu ihnen kommen, begrüßen sie uns gewöhnlich mit keuchenden Lauten, und Washoe und die anderen zeigen uns ‚komm / umarmen' oder wollen uns berühren. Doch als die Schimpansen die Gardners sahen, verhielten sie sich ... völlig anders; sie setzten sich auf den Boden und starrten ihre Gäste an, als seien sie sprachlos. ( ... )

Die nächste Überraschung war, daß Washoe, als sie die Gardners anschaute, in der Zeichensprache ihre Namen nannte. Sie hatte sie zum letztenmal vor elf Jahren gesehen, als sie sieben Jahre alt war, und sie erinnerte sich noch jetzt an sie und die Zeichen für ihre Namen. Dann wendete sich Washoe an Beatrice Gardner und machte die Zeichen ‚komm, Mrs. G.'. Damit führte sie Mrs. Gardner in ein benachbartes Zimmer und fing an, mit ihr ein Spiel zu spielen, das sie zum letztenmal als Fünfjährige … gespielt hatte." (Ebenda, S. 64f.)

Zu diesen „ganzheitlichen" Belegen für tierliches Person-Sein noch zwei wichtige Erläuterungen. Erstens: Tierliche Täuschungsmanöver, wie sie in obigen Beispielen so eindrucksvoll geschildert werden, sind untrügliche Belege für tierliches Selbstbewußtsein. Denn um andere täuschen zu können, muß man die Wirkung, die von einem selbst ausgeht, genau kennen und gezielt einsetzen. Das Wissen um die *Wirkung* seiner selbst impliziert aber das Wissen um das *Vorhandensein* seiner selbst, das Bewußtsein, selbst zu sein. (Kaplan, 2016, S. 60, vgl. Singer, 2013, S. 180)

Zweite wichtige Erläuterung zu den „ganzheitlichen" Belegen für tierliches Person-Sein: Begriffliches Denken ist keineswegs an Sprache gebunden: „Es ist überhaupt nichts Unbegreifliches an einem Wesen, das die Fähigkeit zum begrifflichen Denken besitzt, ohne eine Sprache zu haben", schreibt Peter Singer (2013, S. 178) – und bezieht sich dabei auf das oben zitierte Experiment mit der Schimpansin Julia (mit zwei Reihen von je fünf geschlossenen, durchsichtigen Behältern, diversen Schlüsseln und der Banane als Belohnung). Um ihr Ziel, an die Banane zu kommen, zu erreichen, mußte Julia, so Singer (ebenda, S.

179), „rückwärts denken": vom Wunsch, die Schachtel mit der Banane darin zu öffnen, zur Notwendigkeit, die diversen Schlüsselprobleme zu lösen. „Da Julia keine Form von Sprache erlernt hatte, beweist ihr Verhalten, dass es Wesen ohne Sprache gibt, die recht komplexe Denkvorgänge bewältigen" (ebenda).

Daß und warum die Rolle der Sprache häufig überschätzt wird, bringen Volker Arzt und Immanuel Birmelin (1993) anschaulich auf den Punkt: „Die Tatsache, daß wir Menschen in Worten ausdrücken können, was wir bewußt erleben, sollte uns nicht zu dem Umkehrschluß verleiten, daß ohne Sprache kein Bewußtsein möglich sei" (S. 7). Wir neigen dazu, psychische Fähigkeiten von Tieren geringzuschätzen oder gar zu ignorieren, solange sie nicht sprachlich ausgedrückt werden, und unterliegen dabei einem verhängnisvollen Fehlschluß: „Tatsächlich wirkt ein Vogel, der uns ‚fünf' zuruft, überzeugender als einer, der fünfmal pickt – obwohl der dahinterstehende geistige Vorgang, nämlich ein Anzahlkonzept zu beherrschen, ein und derselbe ist. ( … ) Ebenso sind kausales Denken und logisches Schließen nicht an verbale Argumentation gebunden." (S. 293f.) Oder, um es mit Markus Wild (2013, S. 33f.) zu sagen: Sprache ist keine notwendige Bedingung für „geistige Merkmale" (Bewußtsein, Denken, Wissen, Handlung, Personalität und Moralität).

# 5.
# Weitere Veranschaulichung der Not-
# wendigkeit von Tierrechten

Oben stellten wir fest:

Der Zweck von Menschenrechten ist, den Menschen ein
soweit als möglich angemessenes, das heißt ihren Fähigkeiten, Bedürfnissen und Interessen entsprechendes Leben zu
ermöglichen. Grundlage dieser Fähigkeiten, Bedürfnisse
und Interessen sind Rationalität, Selbstbewußtsein und
Autonomie, also das Person-Sein.

Prägnanter:

Der Zweck von Menschenrechten ist, den Menschen ein
Leben gemäß ihren Fähigkeiten, Bedürfnissen und Interessen als Personen zu ermöglichen.

Danach erkannten wir: Wer Menschenrechte befürwortet,
muß konsequenterweise auch Tierrechte befürworten –
weil auch viele Tiere Personen sind. Auch viele Tiere haben
die Fähigkeiten, Bedürfnisse und Interessen von Personen.
Die volle Tragweite dieser Tatsache erschließt sich erst bei
näherer Betrachtung:

## 5.1 Evolutionäre Kontinuität

Charles Darwin (1966, S. 160f.) schreibt:

„Wie groß auch der Unterschied zwischen den Seelen der Menschen und der höheren Tiere sein mag, er ist doch nur ein gradueller und kein prinzipieller. Wir haben gesehen, daß die Gefühle und Anschauungen, die verschiedenen Affekte und Fähigkeiten, wie Liebe, Gedächtnis, Aufmerksamkeit, Neugierde, Nachahmungstrieb, Überlegung usw., deren sich der Mensch rühmt, in ihren Anlagen und manchmal auch in einem ziemlich entwickelten Zustand in den Tieren vorhanden sind."

Evolutionäre Kontinuität besagt, daß die Unterschiede zwischen Spezies eher gradueller denn grundsätzlicher Natur sind. (Bekoff, 2008, S. 14) Diese Kontinuität bezieht sich nicht nur auf die anatomischen Strukturen (von Herzen, Nieren, Zähnen usw.), sondern auch auf geistige und emotionale Fähigkeiten. Mit anderen Worten: Die Wurzeln unserer eigenen Intelligenz und Emotionen finden wir in Tieren. „Die Ähnlichkeiten und Kontraste verschiedener Arten sind Nuancen oder Schattierungen von Grau, keine Schwarz-Weiß-Unterschiede." (Ebenda, S. 55; vgl. Wild, 2013, S. 33ff., 54, Wise, 2006, S. 39) Marc Bekoff (2001, S. 54) veranschaulicht die evolutionäre Kontinuität mit folgendem Vergleich: Auch die Unterschiede zwischen einem Rolls Royce und einem Ford sind gradueller, nicht prinzipieller Natur, denn beide sind Autos.

Was die evolutionäre Kontinuität für das Person-Sein bedeutet, liegt auf der Hand: Es gibt nicht nur Lebewesen, die eindeutig Personen sind, und Lebewesen, die eindeutig keine Personen sind, sondern es gibt vor allem Lebewesen, die mehr oder weniger Personen sind, Lebewesen, deren Person-Sein stärker oder schwächer ausgeprägt ist.

## 5.2 Graduelle Rechte-Zuschreibung

In bezug auf Autonomie weist Steven M. Wise (2001, S. 256f.) auf folgenden Punkt hin: Wenn die Autonomie von Menschen sehr gering ist, werden ihre Rechte entsprechend reduziert oder eingeschränkt: Sie dürfen z. B. nicht wählen, nicht als Zeugen aussagen oder ihre Bewegungsfreiheit wird zu ihrem eigenen Schutz oder zum Schutz der Allgemeinheit reduziert. Aber niemand käme auf die Idee, diese Menschen deshalb als Sachen zu betrachten oder als Sklaven zu halten oder mit ihnen Experimente zu machen. Gemäß dem Gleichheitsgrundsatz sollten die Rechte, die Tieren zugestanden werden, ebenfalls entsprechend ihrer Autonomie variieren.

Und Peter Singer (2013, S. 191) macht in bezug auf das Person-Sein folgende programmatische Aussage:

„Vorausgesetzt, dass wir die genannten Unterschiede zwischen normalen erwachsenen Menschen und nichtmenschlichen Tieren akzeptieren, so könnten wir das Unrecht zu töten nicht bloß einseitig in Abhängigkeit davon, ob das getötete Wesen eine Person ist oder nicht, begreifen, sondern graduell, und zwar abhängig davon, ob das getötete Wesen im vollen Wortsinn eine Person ist oder ob es sich um eine potenzielle Person handelt, ob es überhaupt Selbstbewusstheit besitzt, in welchem Umfang es nach unserer günstigsten Schätzung in die Zukunft gerichtete Wünsche hat und wie bedeutsam diese Wünsche für sein Leben sind. Das Strafrecht mag aus Vernunftgründen einen anderen Standpunkt einnehmen, weil dem Allgemeinwohl mit Gesetzen, die scharfe Trennlinien vorsehen, möglicherweise besser gedient ist. Die wesentlichen moralischen Erwägungen jedoch legen nahe, die Frage als ein zusammenhängendes Ganzes zu betrachten."

Worauf obige spezifischen Ausführungen in bezug auf Autonomie bzw. Person-Sein / Selbstbewußtsein allgemein hinauslaufen bzw. allgemein hinauslaufen sollten, ist klar: Wenn die Person-Elemente Rationalität, Selbstbewußtsein und Autonomie und damit die personalen Fähigkeiten, Bedürfnisse und Interessen graduell abgestuft auftreten, dann sollten selbstverständlich auch die Rechte, die ein Leben gemäß diesen personalen Fähigkeiten, Bedürfnissen und Interessen gewährleisten sollen, graduell abgestuft zugeschrieben werden! Alles andere ist so irrational, unfair und inkonsequent, wie es wäre, einem Lebewesen, das einen geringeren Nahrungsbedarf hat, nicht weniger, sondern nichts zu essen zu geben. Oder einem Wesen, das für sein Wohlbefinden weniger oder anderer Voraussetzungen bedarf (Hunde und Katzen brauchen etwa keine Küchen, keine Bibliotheken und keine Religionsfreiheit, wohl aber etwa einen ruhigen Ort und angemsessenes Essen), gleich gar keine Ansprüche zu erfüllen.

## 5.3 Marginal Cases

Egal, ob es ums Person-Sein geht oder um dessen Elemente oder um irgendwelche anderen Merkmale – es ist keineswegs so, daß die höheren Merkmalsausprägungen immer bei Menschen und die niedrigeren Merkmalsausprägungen immer bei Tieren zu beobachten wären. Vielmehr weisen viele Tiere im Hinblick auf beliebige Merkmale höhere Ausprägungen auf als viele Menschen!

Doch sehen wir uns die Sache systematischer bzw. genauer an: Kein Merkmal, das von irgendjemandem als moralisch relevant erachtet wird, verläuft entlang der Speziesgrenze Menschen - Tiere. Mehr noch: Es gibt, wie gesagt, Tiere, bei denen das betreffende Merkmal sogar stärker ausgeprägt ist als bei bestimmten Menschen. Nehmen wir etwa die Merkmale Autonomie, Rationalität und Selbstbewußtsein. Wenn wir uns Vorhandensein und Ausprägung dieser Merkmale bei Menschen und Tieren genau ansehen, erkennen wir das fundamentale Dilemma derer, die auf einer menschlichen Sonderstellung beharren wollen, nämlich,

„daß jede Eigenschaft, die alle Menschen besitzen, nicht nur Menschen zukommt. Zum Beispiel können alle Menschen, aber nicht nur Menschen, Schmerzen empfinden; und während schwierige mathematische Probleme zwar nur Menschen lösen können, können es doch nicht alle Menschen. So zeigt es sich, daß in dem einzig möglichen Sinne, in dem wir eine faktische Gleichheit von Menschen wirklich behaupten können, zumindest manche Angehörige anderer Spezies ebenfalls ‚gleich' sind." (Singer, 1996, S. 378)

Das Dilemma manifestiert sich insbesondere im Zusammenhang mit menschlichen „Randexistenzen" (daher: „marginal cases"): Wenn wir daran festhalten, daß Autonomie, Rationalität und Selbstbewußtsein die Grundlage für eine moralische Sonderstellung bilden, so müssen wir (bestimmten) geistig behinderten, geisteskranken, hirngeschädigten und komatösen Menschen diesen Status absprechen, da diese Menschen nicht oder kaum autonom, rational und selbstbewußt sind. Formulieren wir hingegen die Voraussetzungen für einen herausgehobenen moralischen Status so großzügig, daß sie auch von diesen Menschen erfüllt werden, müssen wir konsequenterweise auch vielen Tieren diesen Status zuerkennen, da viele Tiere diese Voraussetzungen *spielend* erfüllen. Wir kommen einfach nicht um die Tatsache herum, daß viele Menschen, denen wir einen bestimmten moralischen Status nicht absprechen wollen, im Hinblick auf beliebige Merkmale ein deutlich *niedrigeres* Niveau aufweisen als viele Tiere. (Vgl. Singer, 2013, S. 128f., Dombrowski, 1988, S. 14, Regan, 1982, Newmyer, 1996.)

Die Marginal Cases-Perspektive veranschaulicht drastisch die absurde Inkonsequenz – und Ungerechtigkeit

– in unserem Umgang mit Menschen und Tieren: wenn Tieren, bei denen moralisch relevante Merkmale *stärker* ausgeprägt sind als bei bestimmten Menschen, ein *geringerer* (oder gar kein!) Rechte-Schutz zugestanden wird als diesen Menschen. Ein Beispiel von Steven M. Wise (2001): Angesichts der komplexen Autonomien von Schimpansen und Bonobos würden wohl nur wenige Menschen Menschen auf gleichem Autonomie-Niveau das Recht auf körperliche Unversehrtheit und Freiheit absprechen. (S. 253) Manche Menschen, z. B. einige geistig Behinderte, haben sogar eine deutlich geringere Autonomie als Schimpansen und Bonobos oder gar keine Autonomie. Dennoch werden diesen Menschen von Gerichten regelmäßig Grundrechte zugestanden. Gleichzeitig Schimpansen und Bonobos mit *größerer* Autonomie diese Grundrechte zu verwehren, ist absurd. Und irgendwo wird das Mißverhältnis zwischen autonomen Tieren *ohne Grundrechte* und nicht oder kaum autonomen Menschen *mit Grundrechten* völlig unvertretbar. (S. 255)

## 5.4 Praktischer / quantitativer Exkurs: Hohe Betroffenenzahl und hoher Schädigungsgrad bei Tieren

- Wir haben als quasi Kristallisationspunkt von Tierrechten das Person-Sein identifiziert.
- Wir haben als „Kern-Kandidaten" für Tierrechte identifiziert: Menschenaffen, Delphine, Elefanten, bestimmte Vögel; Affen, Hunde, Katzen, Schweine, Seehunde, Bären, Rinder, Schafe, vielleicht auch Vögel und Fische.

- Wir haben erkannt, daß es in unserem Umgang mit Menschen und Tieren im allgemeinen und im Hinblick auf die Zuerkennung von Rechten an Menschen und Tiere im besonderen absurde Inkonsequenzen und Ungerechtigkeiten gibt.

Diese Inkonsequenzen und Ungerechtigkeiten fallen naturgemäß umso stärker ins Gewicht, je mehr Tiere betroffen sind und je stärker diese geschädigt werden. Daher wollen wir uns nach den obigen biologischen und philosophischen Erwägungen „zwischendurch" vergegenwärtigen, wieviele Tiere wie schwer geschädigt werden, wenn es, wie derzeit, *keine* Tierrechte analog Menschenrechten gibt. Dazu zwei Zahlen:
- Über 60 Milliarden Tiere werden weltweit jährlich geschlachtet, um gegessen zu werden. (60 Milliarden Tiere werden getötet, um gegessen zu werden, 2014) Fische sind dabei nicht mitgezählt.
- 2018 wurden in Deutschland insgesamt 56,6 Millionen Schweine geschlachtet. (Anzahl der Schweineschlachtungen in Deutschland in den Jahren 1993 bis 2018, 2019)

Diese Tiere werden aber nicht einfach „nur" getötet, sondern erleiden vorher vielfältige und massive Qualen – Stichworte „Massentierhaltung", „Tiertransporte" usw. Und viele Tiere werden schlicht – wie soll man das nennen, wenn man „zutodegefoltert" vermeiden will? Vielleicht: zutodegequält. Damit sind nicht die spektakulären Fälle absichtlichen, sadistischen Quälens gemeint, von denen immer wieder berichtet wird, sondern die systemimmanenten Fehlbetäubungen: In Deutschland werden jährlich bis zu 7,5 Millionen Schweine vor dem Schlachten nicht ausreichend betäubt! (Fehlbetäubung beim Schlachten – Tiere leiden für Lebensmittel, O. J.)

## 5.5 Antibiologistische Fortschrittstendenz

Auch eine fundamentale kulturelle Fortschrittstendenz, die bereits vielen benachteiligten Gruppen zur berechtigten Verbesserung ihres Rechtsstatus verholfen hat, spricht für Tierrechte, nämlich die Tendenz: Weg von biologischen oder biologistischen Kollektivdefinitionen, -abwertungen und -diskriminierungen hin zu gleichen bzw. analogen Rechten:

- Weg von: Du bist schwarz, also weniger intelligent, also zum Sklaven bestimmt. Hin zu: Gleiche Rechte unabhängig von der Hautfarbe. (Viele Schwarze sind intelligenter als viele Weiße.)
- Weg von: Du bist eine Frau, also weniger intelligent, also sollst du dich unterordnen. Hin zu: Gleiche Rechte unabhängig vom Geschlecht. (Viele Frauen sind intelligenter als viele Männer.)
- Weg von: Du bist schwul, das ist unnatürlich, also gehörst du eingesperrt. Hin zu: Gleiche Rechte unabhängig von der sexuellen Orientierung. (Viele Schwule sind intelligenter, „begabter", „kultivierter" als viele Heterosexuelle.)

- Weg von: Du bist ein Tier, also weniger wert, also können wir dich aufessen und mit dir Experimente machen. Hin zu: Fundamentale Rechte unabhängig von der Spezieszugehörigkeit. (Viele Tiere befinden sich im Hinblick auf beliebige Merkmale auf einem höheren Niveau als viele Menschen.)

Zu dieser antibiologistischen kulturellen Fortschrittstendenz gehört auch die „Abschaffung der Menschenrassen" – bzw. aus heutiger Sicht: die Erkenntnis, daß es nie Menschenrassen gegeben hat. Der Titel der Ausstellung, die vom Mai 2018 bis Jänner 2019 im Deutschen Hygiene-Museum in Dresden gezeigt wurde, sowie der Titel des Berichts dazu von Anne Hähnig (2018) bringen den heutigen Wissensstand auf den Punkt:
- „Rassismus. Die Erfindung von Menschenrassen"
- „Hirngespinst der Wissenschaft"

„Wissenschaftlich gesehen gibt es keine Menschenrassen", stellt Xaver von Cranach (2018, S. 128) in einem „Spiegel"-Artikel über die Ausstellung fest, zwischen Menschen sei die genetische Varianz so gering, daß der Rassebegriff hier keinen Sinn ergebe. „Keiner behauptet, es gebe Rassen", erklärt die Kuratorin der Ausstellung, Susanne Wernsing. „Und dennoch taucht bei einigen Menschen immer wieder der Zweifel auf: Oder gibt es sie vielleicht doch?" (Hähnig, 2018, S. 34) Daß es solche Zweifel gibt, ist eigentlich wenig erstaunlich, schließlich enthält noch die Brockhaus Enzyklopädie von 1971 vier (!) Tafeln mit 64 (!) Bildern zu „Menschenrassen".

Ein wichtiger (und für unser Thema Menschenrechte und Tierrechte entscheidender) Punkt ist, daß die Wissenschaft im Umgang mit – vermeintlichen – Rassen keineswegs objektiv, sondern Interessen-, Vorurteils- und v. a. Egoismus-geleitet war. „Die Rassenlehre war zunächst ein Hirngespinst von Akademikern", schreibt Anne Hähnig. (2018, S. 34) „Schon im 18. Jahrhundert haben Forscher damit begonnen, Menschen zu klassifizieren. ( … ) Mediziner, Biologen und Ethnologen versuchten sich an der Vermessung des Menschen." Dabei diente „der Begriff der Rasse … nie nur dazu, Unterschiede zu beschreiben", so Susanne Wernsing. „Er war immer mit einer Wertung verbunden." (Ebenda)

Xaver von Cranach (2018, S. 128) beschreibt das Grundmuster rassistischen Denkens wie folgt: Dieses sei immer dann stark, wenn etwas in Bewegung gerate und dadurch eine Unordnung entstehe. Um aus dieser Unordnung Kapital zu schlagen, werde diese wieder in eine vermeintlich natürliche Ordnung zurückgeführt. In einem Text zur Ausstellung veranschaulicht der Historiker Christian Geulen dieses Muster:

„Erst als Humanismus, Naturrecht und Aufklärung aus dem christlichen Menschheitsverständnis das säkulare Konzept einer universalen Menschheit entwarfen, bedurften die faktischen Differenzierungen, Ungleichheiten und

Ungleichbehandlungen zwischen Menschen einer neuen Begründung." (Ebenda)

Nachdem Menschenrechte proklamiert worden waren, mußten also Menschen „geschaffen" werden, für die diese Rechte nicht gelten – weil die Idee der Gleichheit schlicht nicht mit der gesellschaftlichen Wirklichkeit übereinstimmte. (Ebenda)

Wir haben gesehen, daß bei der Klassifizierung von Menschen Objektivität und Wissenschaftlichkeit oft auf der Strecke bleiben. Nicht anders verhält es sich bei der Klassifizierung von Tieren: Gleich mehrere Autoren des Sammelbandes „Menschenrechte für die Großen Menschenaffen" (Cavalieri / Singer, 1994) betonen, daß die übliche wissenschaftliche Systematik weniger die biologischen Fakten widerspiegelt als die Irrationalität und Hybris des Menschen. Der berühmte Evolutionsbiologe Richard Dawkins (1994, S. 129) weist auf die Künstlichkeit der konventionellen Kategorie Menschenaffe hin: „Es gibt keine natürliche Kategorie, zu der Schimpansen, Gorillas und Orang-Utans gehören, nicht aber der Mensch."

Auch für Jared Diamond (1994, S. 147, S. 150f.) ist die traditionelle Unterscheidung von Menschen und Menschenaffen schlicht eine „Verzerrung der Tatsachen". Er veranschaulicht dies mit dem Hinweis, daß, sollten je außerirdische Systematiker auf die Erde kommen, um ein Verzeichnis ihrer Bewohner anzulegen, diese ganz bestimmt Menschen und Schimpansen der gleichen Gattung zuordnen würden.

Ähnlich äußern sich R. I. M. Dunbar (1994), Rosemary Rodd (1990, S. 36–41) und Matthias Glaubrecht (1990, S. 70). Selbst in einer Serie des „Spiegels", der der Tierrechtslastigkeit unverdächtig ist, ist zu lesen: „Biologisch betrachtet ist der Mensch eine Schimpansenart." (Siegeszug aus der Sackgasse, 1995, S. 231)

# 6.
# Welche Rechte sollen
# Tiere haben?

Wir sagten:

Der Zweck von Menschenrechten ist, den Menschen ein Leben gemäß ihren Fähigkeiten, Bedürfnissen und Interessen als Personen zu ermöglichen.

Analoges gilt für Tierrechte:

Der Zweck von Tierrechten ist, den Tieren ein Leben gemäß ihren Fähigkeiten, Bedürfnissen und Interessen als Personen zu ermöglichen.

Beide, Menschen- und Tierrechte, lassen sich aber auch noch kompakter bzw. handlicher formulieren, und zwar aus folgendem Grund: Die aus Fähigkeiten und Bedürfnissen resultierenden Wünsche bzw. Präferenzen können ebenfalls als Interessen verstanden oder formuliert werden. Daraus ergeben sich folgende Chrakterisierungen:

Der Zweck von Menschenrechten ist, den Menschen ein Leben gemäß ihren Interessen als Personen zu ermöglichen.

Der Zweck von Tierrechten ist, den Tieren ein Leben gemäß ihren Interessen als Personen zu ermöglichen.

Zur Orientierung darüber, welche Rechte Tiere haben sollten, eignet sich die Allgemeine Erklärung der Menschenrechte sehr gut! Hier die Rechte (bzw. Forderungen) der Allgemeinen Erklärung der Menschenrechte, die offenkundig auch für Tiere prinzipiell relevant sind (Fassbender, 2014, S. 93ff.):

Recht auf Leben, Freiheit und Sicherheit (Artikel 3):
„Jeder hat das Recht auf Leben, Freiheit und Sicherheit der Person."
Schon hier wird klar, welch revolutionäre Veränderungen Tierrechte bedeuten würden: Tiere dürften nicht mehr für Ernährungszwecke oder zur Unterhaltung (Jagd, Angeln, Stierkampf) getötet oder eingesperrt (Zoo) werden.

Das Stichwort „Zoo" soll zum Anlaß genommen werden, darauf hinzuweisen, woum es hier vernünftigerweise *nicht* gehen kann:
- um konkrete praktische Regelungen, wie eine Welt, in der Tierrechte gelten, (neu) organisiert werden sollte;
- um konkrete praktische „Übergangsregeln" von der jetzigen Welt ohne Tierrechte zu einer künftigen Welt mit Tierrechten.

In diesem Zusammenhang sei auf die hilfreichen praktischen Überlegungen und Vorschläge von Sue Donaldson und Will Kymlicka (2013 und 2014) verwiesen. Worum es hier *gehen soll*, sind – analog den Artikeln der Allgemeinen Erklärung der Menschenrechte – fundamentale Rechte (bzw. Forderungen). Und damit zurück zu jenen Artikeln der Allgemeinen Erklärung der Menschenrechte, die auch für Tiere prinzipiell relevant sind:

Verbot der Sklaverei, Knechtschaft und des Sklavenhandels (Artikel 4):

„Niemand darf in Sklaverei oder Knechtschaft gehalten werden. Alle Formen von Sklaverei und Sklavenhandel sind verboten."

Aus Tierrechtsperspektive inklusive seiner Implikationen (Person-Sein, evolutionäre Kontinuität, graduelle Rechte-Zuschreibung, Marginal Cases) müssen die meisten, wenn nicht alle Formen kommerzieller Tierhaltung und -nutzung prinzipiell unter Sklaverei oder Knechtschaft subsumiert werden.

Folterverbot (Artikel 5):

„Niemand darf der Folter oder einer grausamen, unmenschlichen oder entwürdigenden Behandlung oder Strafe unterworfen werden."

Bei objektiver, unvoreingenommener Betrachtung und aus Tierrechtsperspektive inklusive seiner Implikationen gesehen, handelt es sich bei vielen Tierversuchen und landwirtschaftlichen Haltungsformen zweifellos um Folter.

Recht auf Anerkennung als Rechtsperson (Artikel 6):

„Jeder hat das Recht, überall als Rechtsperson anerkannt zu werden."

Dieser Artikel soll zum Anlaß genommen werden, darauf hinzuweisen, worum es hier vernünftigerweise ebenfalls *nicht* gehen kann: um juristische Konkretisierungen und Ausformulierungen von Tierrechten – sondern um (wie bei der Allgemeinen Erklärung der Menschenrechte) fundamentale Rechte (bzw. Forderungen).

Recht auf Heirat und Familiengründung; Schutz der Familie (Artikel 16):

„(1) Volljährige Männer und Frauen haben ohne jede Einschränkung nach Rasse, Staatsangehörigkeit oder Religion das Recht, zu heiraten und eine Familie zu gründen. Sie haben gleiche Rechte bei der Eheschließung, während der Ehe und bei deren Auflösung.

(2) Eine Ehe darf nur mit dem freien und vollen Einverständnis der künftigen Ehepartner geschlossen werden.

(3) Die Familie ist die natürliche und allererste Einheit der Gesellschaft und hat Anspruch auf den Schutz der Gesellschaft und des Staates."

Hier wird deutlich, daß es zwischen sinnvollen und notwendigen Menschen- und Tierrechten große Unterschiede gibt. Dennoch ist dieser Artikel für Tierrechte durchaus relevant: Im heute üblichen Umgang mit Tieren wird auf familiäre Strukturen oder Bindungen praktisch *keine* Rücksicht genommen, was tierlichen Interessen mit Sicherheit massiv widerspricht. Außerdem gibt es in diesem Bereich anerkanntermaßen ganz besonders grausame Praktiken, etwa die Trennung der Kälber von den Milchkühen .

Da Tiere z. T. andere Interessen als Menschen haben und da verschiedene Tiere unterschiedliche Interessen haben, fehlt uns hier die faktische Grundlage für einen Tierrechte-Katalog analog der Allgemeinen Erklärung der Menschenrechte. Die Ausarbeitung eines solchen Katalogs angemessener und notwendiger Tierrechte (inklusive ihrer juristischen Umsetzung) ist aber eine vergleichsweise einfache Aufgabe, bei der es um zwei Fragen geht:
• Welche Interessen haben welche Tiere?
• Welche Rechte brauchen Tiere, um ein Leben gemäß diesen Interessen führen können?

Vergleichsweise einfach ist diese verbleibende Aufgabe, weil die Verwirklichung von Tierrechten bisher ja nicht daran gescheitert war, daß man einfach nicht herausfinden konnte, welche Interessen Tiere haben und welcher Schutzbestimmungen bzw. Rechte es bedarf, damit Tiere ein ihren Interessen gemäßes Leben führen können. Gescheitert waren Tierrechte bisher daran, daß man aufgrund religiöser, spiritueller, esoterischer, irrationaler Vorurteile tierliche Interessen für *grundsätzlich weniger wichtig* erachtete als menschliche Interessen! Diesen Vorurteilen das Fundament zu entziehen bzw. sie als falsch zu erweisen, ist unser vorrangiges Ziel.

Relevant für eine angemessene und konsequente Bewertung und Berücksichtigung tierlicher Interessen – und für die Formulierung von Tierrechten – auf faktischer und rationaler Basis sind das Person-Sein, die evolutionäre Kontinuität, die graduelle Rechte-Zuschreibung sowie die Perspektive und die Implikationen, die sich aus den Marginal Cases ergeben.

Was wir hier leisten können, ist, das *Fundament* für einen Tierrechte-Katalog analog der Allgemeinen Erklärung der Menschenrechte bereitzustellen, quasi die *Grundformel für Tierrechte* zu liefern. Diesbezüglich kann ich auf den Tierrechtsbegriff zurückgreifen, den ich bereits an anderer Stelle (Kaplan, 2016 und 2017) vorgeschlagen habe:

Tiere haben das Recht, daß ihre Interessen gleich berücksichtigt werden wie vergleichbare menschliche Interessen.

Da „vergleichbar" mehrdeutig bzw. mißverständlich ist – *vergleichbar* sind auch die sprichwörtlichen Äpfel und Birnen – soll diese Charakterisierung wie folgt modifiziert werden:

Tiere haben das Recht, daß ihre Interessen gleich berücksichtigt werden wie ähnliche menschliche Interessen.

Zur Veranschaulichung, was damit konkret gemeint ist, drei Beispiele:

1) Ich schlage ein Kind und ein Pferd jeweils so, daß es dem Kind und dem Pferd den gleichen Schmerz verursacht. (Dafür muß ich das Pferd entsprechend stärker schlagen.) Wenn ich das verursachte gleiche Schmerzer-

lebnis dem Kind nicht zumuten würde, darf ich es auch dem Pferd nicht zumuten. Das Pferd hat das Recht, nicht auf diese Weise behandelt zu werden. (Beispiel nach Singer, 2013, S. 103)

2) Ich sperre einen Menschen und ein Tier jeweils auf eine Weise ein, die beiden das gleiche Leiden aufgrund von Enge und Nicht-entkommen-Können verursacht. (Dafür muß ich mich über die Lebensgewohnheiten und Bedürfnisse des betroffenen Tieres kundig machen, um ein ähnliches Leidensniveau zu gewährleisten.) Wenn ich das verursachte Leiden aufgrund von Enge dem Menschen nicht zumuten würde, darf ich es auch dem Tier nicht zumuten. Das Tier hat das Recht, nicht auf diese Weise behandelt zu werden.

3) Ich versetzte einen Menschen und ein Tier jeweils in eine Situation, die beiden das gleiche Ausmaß an Angst verursacht. (Dafür muß ich mich über die Lebensgewohnheiten und Bedürfnisse des betroffenen Tieres kundig machen, um ein ähnliches Leidensniveau zu gewährleisten.) Wenn ich die verursachte Angst dem Menschen nicht zumuten würde, darf ich sie auch dem Tier nicht zumuten. Das Tier hat das Recht, nicht auf diese Weise behandelt zu werden.

Wie bereits angeklungen, würden die Anerkennung und Etablierung von Tierrechten eine revolutionäre Veränderung der Welt bedeuten. Dieser Befund läßt sich unterschiedlich lesen. Zum Beispiel so: Eben weil die Anerkennung und Etablierung von Tierrechten so tiefgreifende Veränderungen bedeuten würden, wird es nie dazu kom-

men. Unzweifelhaft ist: Vor dem Hintergrund von Tierrechten, wie sie skizziert wurden, erscheint die Welt als
Unrechtsplanet für alle Nicht-Menschen.

# 7.
# Exkurs:
# Zugang zum tierlichen Erleben

Wir sagten oben, daß die Frage, welche Interessen Tiere haben, vergleichsweise einfach zu beantworten sei. Da aber zu den beliebtesten Ausreden dafür, tierliche Interessen zu vernachlässigen oder überhaupt zu ignorieren, nach wie vor gehört, wir könnten tierliche Interessen schwer erkennen, soll im folgenden „sicherheitshalber" doch noch auf ein paar methodische Ansätze zur Erkennung tierlicher Interessen verwiesen werden.

Vorab ein Faktum, das im Grunde ausreicht, um den Ausredencharakter der Behauptung, wir wüßten halt nicht so genau, was Tiere wollen und fühlen, belegt und veranschaulicht (vgl. Kaplan, 2016, S. 176): Eine möglichst große Ähnlichkeit zwischen menschlicher und tierlicher Situation ist bei vielen (psychologischen) Tierversuchen *Voraussetzung*, weil ihr Zweck darin besteht, Methoden oder Medikamente für Menschen zu entwickeln, die bei bestimmten Problemen, z. B. Ängsten oder Schmerzen, optimal helfen. Man kann sich also schlecht darauf hinausreden, der Vergleich zwischen menschlichem und tierlichem Erleben sei schwer oder kaum möglich.

## 7.1 Ethologie

Die Ethologie, also die Verhaltensforschung, ist sehr wohl in der Lage festzustellen, wann sich Tiere wohlfühlen und wann sie leiden. (Vgl. Teutsch, 1987, S. 61) Anstatt auf die Methoden der Ethologie einzugehen, sei bei diesem kurzen Überblick über einige Zugänge zum tierlichen Erleben eine anschaulich beschriebene Beobachtung von Konrad Lorenz (1980, S. 254), einem Pionier der Ethologie, wiedergegeben:

„Wenn eine Graugans, die ihren Gatten verloren hat, haargenau dieselben objektiv feststellbaren physiologischen Symptome zeigt wie ein tieftrauriger Mensch, Symptome, die John Bowlby in seiner Arbeit ‚Infant Grief' für Kleinkinder so überzeugend und herzzerreißend beschrieben hat, so kann der Beobachter gar nicht umhin zu fühlen, daß der Vogel trauert. Der Tonus des Nervus sympathicus nimmt dramatisch ab, die Augen sinken tief in ihre Höhlen zurück, die Muskulatur erschlafft, der Kopf sinkt traurig herab, man wird zwingend an den tröstenden Zuspruch gemahnt, den man trauernden Menschen zu sagen pflegt: ‚Laß den Kopf nicht hängen.' Viele weitere physiologische Symptome der Trauer sind bei der verwitweten Gans und bei einem tieftrauernden Menschen schlicht und einfach die gleichen."

## 7.2 Kognitive Ethologie

Die klassische Ethologie interessiert sich vor allem für das Instinkt-Verhalten. Die kognitive Ethologie ergänzt die Erklärungen der klassischen Ethologie durch den „Geist der Tiere" (Markus Wild). Während sich die klassische Ethologie gegenüber tierlichem Bewußtsein und tierlichem Denken eher reserviert verhält, beschreibt, interpretiert und erklärt die kognitive Ethologie tierliches Verhalten auch und vor allem mit geistigen Vorgängen und Zuständen. (Wild, 2013, S. 65f.; vgl. Perler / Wild, 2005, S. 51ff.)

Marc Bekoff (2008, S. 52) charakterisiert die kognitive Ethologie als „die vergleichende, evolutionäre und ökologische Erforschung des Verstandes von Tieren. Sie konzentriert sich darauf, wie Tiere denken und was sie fühlen." Das schließe Emotionen, Glauben, logisches Denken, Informationsverarbeitung, Bewußtsein und Ich-Bewußtsein der Tiere mit ein.

## 7.3 Empathie

Kinder haben in aller Regel einen ganz natürlichen, ursprünglichen und unverkrampften Zugang zum Erleben der Tiere – eben: Empathie, also Einfühlung. Durch einfühlendes Verstehen kommunizieren Kinder wie selbstverständlich mit Tieren. Gotthard M. Teutsch (1987, S. 103) weist darauf hin, daß sich Kinder und Tiere quasi auf gleicher Ebene begegnen: beide sind sehr liebebedürftig und auf das spielerische Üben ihrer Kräfte sowie auf das Erkunden ihrer Umwelt angelegt. Sigmund Freud (1974, S. 412) weist auf die Parallelen zwischen der individuellen und stammesgeschichtlichen Kindheit des Menschen hin:

„Das Verhältnis des Kindes zum Tiere hat viel Ähnlichkeit mit dem des Primitiven zum Tiere. Das Kind zeigt noch keine Spur von jenem Hochmut, welcher dann den erwachsenen Kulturmenschen bewegt, seine eigene Natur durch eine scharfe Grenzlinie von allem anderen Animalischen abzusetzen. Es gesteht dem Tiere ohne Bedenken die volle Ebenbürtigkeit zu; im ungehemmten Bekennen zu seinen Bedürfnissen fühlt es sich wohl dem Tiere verwandter als dem ihm wahrscheinlich rätselhaften Erwachsenen."

Im Laufe der Zeit gehen bei den meisten Menschen Gefühl und Bewußtsein der innigen Verwandtschaft und Nähe zum Tier verloren. An ihre Stelle tritt der von Freud angeführte Hochmut des Erwachsenen gegenüber Tieren. Dennoch bleiben bei vielen Menschen Reste der ursprünglichen empathischen Beziehung zum Tier erhalten. So unterscheidet sich unser Mitleid mit einem verletzten oder leidenden Tier – wenn wir unmittelbar mit ihm in Berührung kommen – qualitativ oft nicht wesentlich von unserem Mitleid mit einem verletzten oder leidenden Menschen. (Vgl. Midgley, 1983, S. 31, Salt, 1976, S. 174) Auch der Schmerz über den Verlust eines geliebten Tieres ist oft durchaus vergleichbar mit dem Schmerz, den wir beim Tod eines uns nahen Menschen empfinden. Dazu Sigmund Freud (zitiert nach Jones, 1978, S. 171) über seinen Schmerz beim Ableben seines geliebten Hundes Lün Yu: „Es ist der Qualität, wenn auch nicht der Intensität nach wie der Schmerz um ein verlorenes Kind."

Das ursprüngliche empathische Verstehen von Tieren und Kommunizieren mit Tieren, die später meist verlorengehen, können gezielt und systematisch wiederhergestellt bzw. reaktiviert werden; wenn wir *wollen*, können wir wissen, was in Tieren vorgeht. Ein Beispiel für eine solche Wiederherstellung der ursprünglichen Nähe und Kommunikation zwischen Menschen und Tieren sind die sogenannten „Tiertherapien" oder „tiergestützten Therapien". Mit der therapeutischen Wirkung von Tieren wird unter anderem in Schulen, Krankenhäusern, Pflegeheimen, Erziehungsheimen und Gefängnissen gearbeitet. (Vgl. Bekoff, 2008, S. 36f.)

Die gezielte Nutzung der Kommunikationsfähigkeit zwischen Menschen und Tieren ist aber keineswegs auf den Umgang mit psychisch kranken oder auffälligen Menschen beschränkt. So werden „tierliche Therapeuten" auch eingesetzt, um Körperbehinderten, die geistig völlig normal sind, bei der Bewältigung ihres Alltags zu helfen. Ein Forschungsprojekt von Mary Joan Willard (Lowther, 1987, S. 12ff.), die Kapuzineräffchen trainiert, Querschnittgelähmten zu helfen, ist für unser momentanes Interesse – möglicher Zugang zu tierlichem Erleben –, wie sich zeigen wird, besonders aufschlußreich.

Den Kapuzineräffchen wird zum Beispiel beigebracht, Licht, Radio und Fernseher ein- und auszuschalten, eine Kassette in den Recorder zu legen, bestimmte Gegenstände zu bringen usw. Natürlich besteht bei der Kommunikation zwischen Mensch und Tier – wie bei jeder Kommunikation – die Gefahr von Fehlern und Mißverständnissen. Aber diese Schwierigkeiten beim Erfassen fremder psychischer Erlebnisse können bei gutem Willen zum Großteil über wunden werden. Wichtigste Voraussetzung hierfür ist, daß man sich möglichst umfassend und unvoreingenommen über das betreffende Lebewesen und seine Lebenssituation informiert. Das mag bei Tieren schwieriger sein, ist aber sehr wohl möglich. Und hierfür liefert dieses Forschungsprojekt einen besonders anschaulichen Beleg. Hinsichtlich der Überwindung anfänglicher Verständigungsschwierigkeiten zwischen ihr und dem Kapuzineräffchen Henrietta berichtet die Patientin Sue:

„Ich mußte erst einmal lernen, wie ein Affe zu denken, einen anderen Weg gab es nicht. Also las ich alle wichtigen Veröffentlichungen zu diesem Thema, und ich glaube, heute weiß ich, wie Affen denken. Man darf sich nicht wie eine menschliche Mutter verhalten, man muß wie eine Affenmutter sein. Wenn Henrietta irgend etwas anstellt, dann schimpfe ich nicht mit ihr, sondern lenke sie ab und bringe sie auf etwas Neues. Wenn ich zufrieden mit ihr bin und ihr das mitteilen möchte, dann lächle ich nicht, weil ich dann meine Zähne zeigen müßte, und das interpretieren Affen als Zeichen von Aggression. Sie hat sogar akzeptiert, daß ich behindert bin. Sie rauft mit mir nicht, wie sie das mit anderen Leuten tut. Sie ist sehr sanft mit mir – wir verstehen uns." (Lowther, 1987, S. 20)

# 8.
# Einheit von Menschenrechten und Tierrechten

Wer Menschenrechte befürwortet, muß konsequenterweise auch Tierrechte befürworten – weil auch viele Tiere Personen sind. Auch viele Tiere haben die Fähigkeiten, Bedürfnisse und Interessen von Personen. Relevant für die angemessene und konsequente Bewertung und Berücksichtigung menschlicher und tierlicher Interessen auf faktischer und rationaler Basis sind das Person-Sein, die evolutionäre Kontinuität, die graduelle Rechte-Zuschreibung sowie die Perspektive und die Implikationen, die sich aus den Marginal Cases ergeben. Realistische und rationale Erwägungen erweisen Menschen- und Tierrechte als fundamentale Einheit.

Bei der Wahrnehmung von Menschen- und Tierrechten als Einheit bzw. bei der Betrachtung von Menschen und Tieren aus *einer* moralischen Perspektive handelt es sich freilich um keine neue Sichtweise. Dazu beispielhaft ein paar Zitate:

„Ich bin für die Rechte der Tiere genauso wie für die Menschenrechte. Denn das erst macht den ganzen Menschen aus."

ABRAHAM LINCOLN

„Solange der Mensch Tiere schlachtet, werden die Menschen auch einander töten. Wer Mord und Schmerz sät, kann nicht erwarten, Liebe und Freude zu ernten."

PYTHAGORAS

„Solange es Schlachthäuser gibt, wird es auch Schlachtfelder geben."

LEO TOLSTOI

„Mitleid mit den Tieren hängt mit der Güte des Charakters so genau zusammen, dass man zuversichtlich behaupten darf, wer gegen Tiere grausam ist, könne kein guter Mensch sein."

ARTHUR SCHOPENHAUER

„Es wird ein Tag kommen, an dem die Menschen über die Tötung eines Tieres genauso urteilen werden, wie sie heute die eines Menschen beurteilen. Es wird die Zeit kommen, in welcher wir das Essen von Tieren ebenso verurteilen, wie wir heute das Essen von unseresgleichen, die Menschenfresserei, verurteilen."

LEONARDO DA VINCI

Bei Pythagoras und Tolstoi steht noch der psychologische Aspekt im Vordergrund: Man soll zu Tieren gut sein, weil die schlechte Behandlung von Tieren  auch auf den Umgang mit Menschen abfärbt. Der moralische Stellenwert der Tiere ist hier noch ein eher sekundärer, abgeleiteter. Bei Schopenhauer schlägt quasi schon der genuin-moralische

Status von Tieren durch: Schlechte Behandlung von Tieren ist an sich moralisch verwerflich. Und bei Leonardo haben Tiere schließlich schon einen eigenständigen, ebenbürtigen moralischen Status.

Der moderne Tierrechtsbegriff, wie er in den 1970er Jahren in Abgrenzung zum traditionellen Tierschutz entstand, die seitdem existierende Tierrechtsphilosophie und die Formulierung von Tierrechten vor dem Hintergrund der Allgemeinen Erklärung der Menschenrechte müssen in einem größeren Zusammenhang gesehen werden. In seinem Buch „The Expanding Circle" (Singer, 1983), also etwa: „Der sich ausdehnende Kreis", skizziert Singer die Geschichte der Moralentwicklung mit ihrer Tendenz, daß sich die Späre derer, denen man sich moralisch verpflichtet fühlt, immer weiter ausdehnt. Als programmatisches Motto stellt Singer dem Buch ein Zitat von W. E. H. Lecky aus dessen „The History of European Morals" voran:

„The moral unity to be expected in different ages is not a unity of standard, or of acts, but a unity of tendency. … At one time the benevolent affections embrace merely the family, soon the circle expanding includes first a class, then a nation, then a coalition of nations, then all humanity, and finally, its influence is felt in the dealings of man with the animal world."

Einst umfaßten die Gefühle des Wohlwollens nur die Familie, so Lecky also, dann eine Klasse, eine Nation, einen

Zusammenschluß von Nationen, die ganze Menschheit – bis schließlich diese Gefühle auch im Umgang mit Tieren spürbar wurden. Bevor wir näher auf diese globale Tendenz in der Moralentwicklung eingehen, soll aber auf einen entscheidenden Punkt in diesem Zusammenhang hingewiesen werden: Tiere stehen – als Objekte der Moral – nicht nur „am Ende der Moralentwicklung", sie stehen auch an deren Anfang: Die Grundlagen unserer Moral finden wir schon bei Tieren! Als Beispiele altruistischen, also selbstlosen Verhaltens bei Tieren nennt Singer (ebenda, S. 6f.) etwa die Warnrufe von Vögeln, wenn Feinde in der Nähe sind, das Teilen von Nahrung und die Überlebenshilfe für Verletzte, etwa bei Delphinen. Delphine müssen an die Wasseroberfläche, um atmen zu können. Sind sie aufgrund einer Verletzung dazu nicht in der Lage, kommen ihnen andere Delphine zu Hilfe. Dazu ein Beispiel (aus Kaplan, 2016):

„Im Seengebiet der Kleinen Antillen hatte sich ein Delphin-Jüngling weit außerhalb der Sichtweite von seinem Trupp entfernt, als er plötzlich von drei Haien angegriffen wurde. Sofort stieß er eine Serie schriller Pfiffe aus: SOS-Signale in der Delphin-Sprache. Die kurzen Doppeltöne klingen wie eine überdrehte Alarmsirene: Der erste Teil steigt in der Tonhöhe scharf an, der zweite fällt ebenso schroff wieder ab.

Die Wirkung war verblüffend. Der etwa zwanzigköpfige Delphintrupp, der mit Pfeif-, Quietsch-, Grunz-, Gurgel-, Brumm- und Piepslauten ein lebhaftes Palaver führte, stellte seine ‚Unterhaltung' sofort ein. Wie bei Notrufen im Schiffsverkehr herrschte absolute ‚Funkstille'. Dann schossen die Tiere mit ihrer Höchstgeschwindigkeit von 60 km/st zum Ort des Überfalls. Die Delphin-Männer rammten mit unvermindertem Tempo die Haie. Immer wieder fuhren sie krachend in ihre Seiten, bis die Haie zerquetscht und mit gebrochenem Knorpelskelett tot in die Tiefe der Karibischen See sanken.

Während des Kampfes bemühten sich die Weibchen um den schwerverletzten Jung-Delphin, der nicht mehr aus eigener Kraft auftauchen konnte. Zwei nahmen ihn in die Mitte, schoben sich unter seine Seitenflossen und hielten ihn so hoch, daß das Blasloch am Kopf aus dem Wasser ragte und der Verletzte wieder atmen konnte. Unter wechselseitigen Pfeifsignalen wurde das Hilfsmanöver exakt durchgeführt. Von Zeit zu Zeit lösten sich die Krankenträger ab. Einmal wurde beobachtet, wie diese Hilfeleistungen zwei volle Wochen lang Tag und Nacht unermüdlich fortgesetzt wurden, bis der Verletzte wieder gesund und bei eigenen Kräften war." (Dröscher, 1987b, S. 95f.)

James Rachels (1976, S. 215ff.) berichtet von einem Experiment, das in den USA mit Rhesusaffen durchgeführt wurde. Auf Einzelheiten der Versuchsanordnung brauchen wir hier nicht einzugehen. Es genügt, Grundkonzeption und Ergebnis des Experiments kurz darzustellen:

Jeweils zwei Tiere wurden in eine Vorrichtung gegeben, die in der Mitte durch eine Glaswand abgetrennt war. Auf der einen Seite hatte das sich dort befindliche Tier die

Möglichkeit, durch Betätigung eines Hebels Nahrung zu erhalten. Der Boden des Abteils auf der anderen Seite, wo sich das zweite Tier befand, konnte unter Strom gesetzt werden.

Nun wurde die Versuchsanlage so eingestellt, daß jedesmal, wenn das erste Tier den futterspendenden Hebel drückte, dem zweiten ein starker, sehr schmerzhafter Elektroschock versetzt wurde. Auf diese Weise konnte festgestellt werden, ob und in welchem Maße das erste Tier auf Nahrung verzichten würde, um dem zweiten den Elektroschock zu ersparen. Es zeigte sich, daß eine deutliche Mehrheit der Versuchstiere, die in das Abteil mit dem futterspendenden Hebel gegeben wurden, es vorzog, tagelang zu hungern, anstatt dem anderen Tier einen Elektroschock zu versetzen.

Wie in vielen anderen Bereichen gibt es auch im Moralverhalten zwischen Menschen und Tieren keine scharfe Trennungslinie. Dazu ein origineller und erhellender Hinweis von Stephen Jay Gould (zit. n. de Waal, 2013, S. 233): Warum sollte unsere Bösartigkeit ein tierliches Erbe sein („bestialisch", „wie ein Tier" usw.), unsere Gutartigkeit aber etwas exklusiv Menschliches? Der Umstand, daß es zwischen der Moral bei Tieren und der Moral bei Menschen wohl einen graduellen, aber keinen grundsätzlichen Unterschied gibt, ist in der evolutionären Kontinuität begründet. So dokumentiert etwa Frans de Waal (1997) in seinem aufschlußreichen Buch „Der gute Affe: Der Ursprung von Recht und Unrecht bei Menschen und anderen Tieren", daß sich die Voraussetzungen für Moral, etwa die Neigung, soziale Normen zu entwickeln und einzuhalten, Empathie- und Sympathiefähigkeit sowie gegenseitige Hilfe, lange vor dem Menschen entwickelt haben. Wer diese gemeinsame Grundlage tierlichen und menschlichen Moralverhaltens abwerte, ähnle, so de Waal, demjenigen, der, an der Spitze eines Turmes angelangt, den restlichen Teil des Gebäudes für unwichtig erklärt und den Begriff „Turm" nur für den obersten Abschnitt gelten lassen möchte. (S. 258f.; vgl. de Waal, 2011, S. 41, 200, de Waal, 2013, S. 289, 294, Schuld und Sühne, 1996, S. 248f.)

Marc Bekoff (2008, S. 110–116, 128f.) begründet und beschreibt die Kontinuität tierlicher und menschlicher Moral wie folgt: Basales moralisches Verhalten kann man als prosoziales Verhalten charakterisieren, Moral ist quasi ein Gurtband, das ein kompliziertes Gewebe sozialer Beziehungen zusammenhält. Die entwicklungsgeschichtlichen Wurzeln menschlicher Moral lassen sich bei Tieren aufdecken. So wie Gefühle ein Geschenk unserer Vorfahren sind, so sind es auch die grundlegenden Bestandteile der Moral: Kooperation, Gegenseitigkeit, Empathie, Hilfe, Fairness, Gerechtigkeit, Reputation, Bestrafung, Vergebung, Vertrauen. „Wenn einer ein guter Darwinist ist und an die evolutionäre Kontinuität glaubt, ist es unreif zu behaupten, dass *nur* Menschen empathische und moralische Wesen sein können" (ebenda, S. 129). Tiere betreiben zwar keine Ethik, aber sie haben einen Moralkodex mit entsprechenden Verhaltensweisen.

Nun zurück zur menschlichen Moralentwicklung mit ihrer oben beschriebenen Tendenz, die Späre der moralisch zu Berücksichtigenden immer weiter auszudehnen, zurück also zum „Expanding Circle". Im folgenden die Entwicklung, wie sie Peter Singer (1983) darstellt:

Zur Moral gehört, daß man sein Verhalten gegenüber seinem Stamm oder gegenüber seiner Gesellschaft rechtfertigt. Nun gibt es offenkundig Handlungen, die man sehr wohl innerhalb der eigenen Gesellschaft rechtfertigen kann, nicht aber gegenüber Mitgliedern einer anderen Gesellschaft. Stammesregeln sind sehr oft von dieser Art: Die Verpflichtungen sind auf den eigenen Stamm beschränkt; Fremde haben wenig oder gar keine Rechte. Jemanden vom eigenen Stamm umzubringen, wird bestraft, jemanden von einem anderen Stamm umzubringen, der einem über den Weg läuft, wird belobigt. (S. 111)

Der Schritt von einer selbstlosen Haltung zwischen Individuen innerhalb einer Gruppe, aber nicht zwischen Gruppen, zu einer universal selbstlosen Haltung ist ein gigantischer Schritt. Nichtsdestotrotz ist genau das die Richtung, in der sich die Moral seit antiken Zeiten entwickelt hat. Ist das nun quasi ein historischer Unfall oder das Ergebnis rationalen Denkens? Aber warum sollte die Vernunft mehr verlangen als selbstloses Verhalten innerhalb der Gruppe? Schließlich ist den Gruppeninteressen oft besser gedient, wenn wir die Interessen von Mitgliedern anderer Gruppen ignorieren! Mehr noch, aus Gruppenperspektive wäre es sogar naheliegend, nicht-gruppenzentrierte moralische Rechtfertigungen zu verbieten!

Aber solche Überlegungen übersehen die Autonomie rationalen Denkens. Rationales Denken funktioniert in gewisser Weise wie eine Rolltreppe. Wer nicht weiß, was eine Rolltreppe ist, mag sie mit der Absicht betreten, nur ein paar Meter mitzufahren. Aber dann bemerkt er, daß es, einmal „an Bord", schwierig ist, nicht bis zum Ziel mitzufahren – wohin einen die Treppe auch transportieren mag. Ganz ähnlich beim rationalen Denken: Hat man erst einmal damit begonnen, läßt sich schwer sagen, wohin die Reise führen wird – ich kann Positionen, die ich für richtig hielt, aufgeben, Verbindungen erkennen, die ich bisher übersah, von Dingen überzeugt werden, die ich bisher für falsch hielt, usw. (S. 113f., 88)

Fundament des selbstlosen moralischen Argumentierens sind der soziale Charakter des Menschen sowie die Erfordernisse des Gruppenlebens. Aber bei denkenden Wesen gewinnen moralische Erwägungen eine Eigendynamik, die das enge Gruppendenken transzendiert. (S. 114) Unter Hinweis auf Gunnar Myrdal (1944, Appendix 1) verweist Singer auf folgende Faktoren, die die Ausdehnung der moralischen Sphäre bedingen und beschleunigen:

- moralische Diskussionen in der Gemeinde;
- das Bedürfnis, Widersprüche zwischen verschiedenen Positionen und Bewertungen aufzulösen;
- das Streben nach Wissen;
- die Entwicklung der Wissenschaften;
- die Verbreitung von Bildung;
- die Tatsache, daß sich großzügige, weitere Positionen und Bewertungen langfristig gegenüber engeren Positio-

nen und Bewertungen durchsetzen. (Singer, 1983, S. 114–117)

Rationale Basis der Ausdehnung der moralischen Späre ist die Selbstlosigkeit innerhalb der Gruppe. Das schließt puren Egoismus aus: Ich erkenne, daß meine Interessen nicht wichtiger sind als die Interessen anderer Mitglieder der Gruppe. Wenn ich meine Handlungen gegenüber der Gruppe rechtfertige, mache ich das aus einer Perspektive, aus der der Umstand, daß ich ich bin und du du bist, belanglos ist. Gleichermaßen belanglos innerhalb der Gruppe sind andere Fragen, etwa, ob jemand mit mir oder mir dir vewandt ist oder ob jemand in meinem oder in deinem Dorf lebt – entscheidend ist nur, daß er in einem der Dörfer lebt, die unsere Gemeinde ausmachen.

Habe ich erst einmal erkannt, daß meine Interessen und die meiner Familie und meiner Nachbarn nicht mehr wiegen als die Interessen anderer in meiner Gesellschaft, mag ich mich fragen, warum denn die Interessen der Mitglieder meiner Gesellschaft mehr zählen sollten als die Interessen der Mitglieder anderer Gesellschaften. Da ich schon erkannt habe, daß ich, ethisch betrachtet, innerhalb meiner Gesellschaft nur eine Person unter vielen bin, deren Interessen nicht wichtiger sind als die Interessen aller anderen Personen in meiner Gesellschaft, mag ich, aus einer noch weiteren Perspektive betrachtet, erkennen, daß auch meine Gesellschaft lediglich eine Gesellschaft unter vielen Gesellschaften ist und daß die Interessen der Mitglieder meiner Gesellschaft aus dieser Perspektive gesehen nicht mehr zählen als die Interessen der Mitglieder anderer Gesellschaften. Ethisches Denken, einmal begonnen, drückt quasi dauernd gegen ursprünglich engere moralische Grenzen und führt uns zu immer allgemeineren Standpunkten. (Ebenda, S. 117–119)

Auf diese Weise hat sich die moralische Sphäre immer weiter ausgedehnt, von der Familie über den Stamm zum Volk, zur Ethnie, und wir beginnen zu erkennen, daß unsere moralischen Verpflichtungen sich auf alle Menschen erstrecken. Aber hier sollte die Entwicklung nicht haltmachen. Das Prinzip der gleichen Interessenberücksichtigung auf die menschliche Spezies zu beschränken, ist ebenso willkürlich, wie, es auf unsere ethnische Gruppe oder auf irgendeine andere Einheit zu beschränken. Die einzige zu rechtfertigende Grenze für die Ausdehnung der moralischen Sphäre ist erst dann erreicht, wenn sich alle, deren Wohlbefinden von unseren Handlungen betroffen werden können, innerhalb dieser Sphäre befinden. Deshalb sollten alle Wesen, die Freuden und Leiden erleben können, in die moralische Sphäre aufgenommen werden. Erst wenn die Ethik die Interessen aller empfindungsfähigen Wesen berücksichtigt, wird sie am Ziel ihres langen, erratischen Weges angelangt sein. (Ebenda, S. 120, 124)

An anderer Stelle (Kaplan, 1989) habe ich dieses Stadium als „Solidarität mit allen Leidensfähigen" bezeichnet. So wie die Ausdehnung der moralischen Späre auf alle Menschen universelle Menschenrechte erfordert, so erfordert die Ausdehnung der moralischen Sphäre auch auf Tiere universelle Tierrechte.

# Literatur

*Anzahl der Schweineschlachtungen in Deutschland in den Jahren 1993 bis 2018.* 2019. https://de.statista.com/statistik/daten/studie/459142/umfrage/schweineschlachtungen-in-deutschland/ 13.5.2019

**Apel, Karl-Otto:** *Das Apriori der Kommunikationsgemeinschaft und die Grundlagen der Ethik.* In: Ders.: Transformation der Philosophie, Bd. II. Frankfurt am Main, 1973.

**Arzt, Volker, Birmelin, Immanuel:** *Haben Tiere ein Bewußtsein?* München: Bertelsmann, 1993.

**Bekoff, Marc:** *Das Gefühlsleben der Tiere.* Bernau: animal learn Verlag, 2008.

**Bekoff, Marc:** *Das unnötige Leiden der Tiere.* Freiburg: Herder, 2001.

**Birnbacher, Dieter:** *Mehrdeutigkeiten im Begriff der Menschenwürde,* Aufklärung und Kritik, Sonderheft 1, 1995.

**Brensing, Karsten:** *Persönlichkeitsrechte für Tiere.* Freiburg: Herder, 2013.

**Brockhaus Enzyklopädie in 20 Bänden.** Band 12. Wiesbaden: Brockhaus, 1971.

**Cavalieri, Paola, Singer, Peter (Hg.):** *Menschenrechte für die Großen Menschenaffen.* München: Goldmann, 1994.

**Clapham, Andrew:** *Menschenrechte.* Stuttgart: Reclam, 2013.

**Cranach, Xaver von:** *Da war doch was, da ist doch was: Eine Ausstellung in Dresden widmet sich der Erfindung von Menschenrassen,* Der Spiegel, 21, 2018.

**Darwin, Charles:** *Die Abstammung des Menschen.* Stuttgart: Alfred Kröner, 1966.

**Dawkins, Marian Stamp:** *Die Entdeckung des tierischen Bewußtseins.* Heidelberg: Spektrum, Akademischer Verlag, 1994.

**Dawkins, Richard:** *Barrieren im Kopf.* In: Paola Cavalieri, Peter Singer (Hg.): Menschenrechte für die Großen Menschenaffen. München: Goldmann, 1994.

**Diamond, Jared:** *Der dritte Schimpanse.* In: Paola Cavalieri, Peter Singer (Hg.): Menschenrechte für die Großen Menschenaffen. München: Goldmann, 1994.

**Di Fabio, Udo:** *Gott steht im Grundgesetz,* Die Zeit, 19, 2018.

**Dombrowski, Daniel A.**: *Hartshorne and the Metaphysics of Animal Rights*. Albany: State University of New York Press, 1988.

**Donaldson, Sue, Kymlicka, Will**: *Von der Polis zur Zoopolis. Eine politische Theorie der Tierrechte*. In: Schmitz, Friederike (Hg.): Tierethik. Berlin: Suhrkamp, 2014.

**Donaldson, Sue, Kymlicka, Will**: *Zoopolis: Eine politische Theorie der Tierrechte*. Berlin: Suhrkamp, 2013.

**Dreier, Horst**: *Staat ohne Gott. Religion in der säkularen Moderne*. München, C. H. Beck, 2018.

**Dröscher, Vitus**: *Berichte, die nachdenklich machen*. In: Gotthard M. Teutsch (Hg.): Da Tiere eine Seele haben ... Stuttgart: Kreuz, 1987b.

**Dröscher, Vitus**: *Lügen haben vier Beine*. In: Gotthard M. Teutsch (Hg.): Da Tiere eine Seele haben ... Stuttgart: Kreuz, 1987a.

**Dunbar, R. l. M.**: *Was sagt uns eine Klassifizierung?* In: Paola Cavalieri, Peter Singer (Hg.): Menschenrechte für die Großen Menschenaffen. München: Goldmann, 1994.

**Einstein, Albert:** Motto-Quelle: Kaplan, Helmut F.: *Tiere haben Rechte: Argumente und Zitate von A–Z.* Erlangen: Fischer, 2. Auflage 2002, S. 71. Dort angeführte Originalquelle: Animals ' Agenda, July / August 1992, S. 27 (übersetzt von H. F. K.).

**Fassbender, Bardo (Hg.):** *Quellen zur Geschichte der Menschenrechte.* Stuttgart: Reclam, 2014.

*Fehlbetäubung beim Schlachten – Tiere leiden für Lebensmittel.* O. J. http://peta50plus.de/fehlbeteaubung-beim-schlachten/ 13.5.2019

**Fouts, Roger S., Fouts, Deborah H.:** *Wie sich Schimpansen einer Zeichensprache bedienen.* In: Paola Cavalieri, Peter Singer (Hg.): Menschenrechte für die Großen Menschenaffen. München: Goldmann, 1994.

**Fouts, Roger, Mills, Stephen T.:** *Unsere nächsten Verwandten.* München: Limes, 1998.

**Francione, Gary L.:** *Empfindungsfähigkeit, ernst genommen.* In: Schmitz, Friederike (Hg.): Tierethik: Grundlagentexte. Berlin: Suhrkamp, 2014.

**Freud, Sigmund:** *Totem und Tabu.* Studienausgabe, hg. v. Alexander Mitscherlich et al., Band IX. Frankfurt: Fischer, 1974.

Fritzsche, K. Peter: *Menschenrechte*. Paderborn: Schöningh, 3., aktualisierte und erweiterte Auflage 2016.

Glaubrecht, Matthias: *Angekratzte Schöpfungskrone*, Die Zeit, 52, 1990.

Gordon, Wendy, Patterson, Francine: *Zur Verteidigung des Personenstatus von Gorillas*. In: Paola Cavalieri, Peter Singer (Hg.): Menschenrechte für die Großen Menschenaffen. München: Goldmann, 1994.

Gosepath, Stefan: *Zu Begründungen sozialer Menschenrechte*. In: Ders., Georg Lohman (Hg.): Philosophie der Menschenrechte. Frankfurt am Main: Suhrkamp, 6. Auflage 2015.

Gosepath, Stefan, Lohmann, Georg: *Einleitung*. In: Dies. (Hg.): Philosophie der Menschenrechte. Frankfurt am Main: Suhrkamp, 6. Auflage 2015.

Grimm, Dieter: *Aus der Balance*, Die Zeit, 49, 2007.

Habermas, Jürgen: *Erläuterungen zur Diskursethik*. Frankfurt am Main, 1991.

Habermas, Jürgen: *Faktizität und Geltung. Beiträge zur Diskurstheorie des Rechts und des demokratischen Rechtsstaats*. Frankfurt am Main, 1992.

**Habermas, Jürgen:** *Über den internen Zusammenhang von Rechtsstaat und Demokratie.* In: Ders.: Die Einbeziehung des Anderen. Frankfurt am Main, 1996.

**Habermas, Jürgen:** *Zur Legitimation durch Menschenrechte.* In: Hauke Brunkhorst, Peter Niesen (Hg.): Das Recht der Republik. Frankfurt am Main, 1999.

**Hähnig, Anne:** *Hirngespinst der Wissenschaft: Wer erfand und verbreitete den Rassismus? Eine Ausstellung im Dresdner Hygienemuseum gibt darauf Antworten*, Die Zeit, 21, 2018.

**Höffe, Otfried:** *Transzendentaler Tausch – eine Legitimationsfigur für Menschenrechte?* In: Stefan Gosepath, Georg Lohmann (Hg.): Philosophie der Menschenrechte. Frankfurt am Main: Suhrkamp, 6. Auflage 2015.

**Höffe, Otfried:** *Vernunft und Recht. Bausteine zu einem interkulturellen Rechtsdiskurs.* Frankfurt am Main, 1996.

**Huber, Wolfgang:** *Wir leisten Widerstand* (Interview), Der Spiegel, 18, 2006.

**Jamieson, Dale:** *Killing Persons and Other Beings.* In: Harlan B. Miller, William H. Williams (Hg): Ethics and Animals. Clifton, N. J.: Humana Press, 1983.

**Jellinek, Georg:** *Die Erklärung der Menschen- und Bürgerrechte* (1895). In: Roman Schnur (Hg.): Zur Geschichte der Erklärung der Menschenrechte. Darmstadt, 1964, S. 1–77.

**Joas, Hans:** *Die Sakralität der Person. Eine neue Genealogie der Menschenrechte.* Berlin: Suhrkamp, 2015.

**Jones, Ernest:** *Das Leben und Werk von Sigmund Freud,* Band III. Bern: Huber, 1978.

**Kant, Immanuel:** *Grundlegung zur Metaphysik der Sitten* (1786). In: Wilhelm Weischedel (Hg.): Werkausgabe, Bd. VII. Frankfurt am Main, 1977.

**Kaplan, Helmut F.:** *Leichenschmaus: Ethische Gründe für eine vegetarische Ernährung.* Norderstedt: Books on Demand, 4., aktualisierte Neuauflage 2011. [1. Aufl.: Reinbek: Rowohlt, 1993]

**Kaplan, Helmut F.:** *Tierethik: 10 Gründe für einen anderen Umgang mit Tieren.* Norderstedt: Books on Demand, 2014.

**Kaplan, Helmut F.:** *Tierrechte – Wider den Speziesismus.* Norderstedt: Books on Demand, 2016.

**Kaplan, Helmut F.:** *Warum Vegetarier? Grundlagen einer universalen Ethik.* Frankfurt am Main: Lang, 1989.

**Kaplan, Helmut F.:** *Was sind Tierrechte? Zur notwendigen Weiterentwicklung des Tierrechtsbegriffs,* TIERethik, Heft 15, 2017/2.

**Klingst, Martin:** *Menschenrechte. 100 Seiten.* Stuttgart: Reclam, 2016.

**Kuhse, Helga, Singer, Peter:** *Muß dieses Kind am Leben bleiben?* Erlangen: Harald Fischer, 1993.

**Kurbjuweit, Dirk:** *Schöne, verdammte Norm,* Der Spiegel, 51, 2015.

**Leonardo da Vinci:** Zitat. https://gutezitate.com/zitat/157776 15.5.2019

**Lincoln, Abraham:** Zitat. https://gutezitate.com/zitat/257224 15.5.2019

**Lincoln, Abraham:** Motto-Quelle: APHORISMEN.DE https://www.aphorismen.de/zitat/6342 12.10.2019 und Gute Zitate: Zitate und Aphorismen https://gutezitate.com/zitat/257224 12.10. 2019

**Locke, John:** *Zwei Abhandlungen über die Regierung* (1690). II. Abhandlung. Frankfurt am Main, 1989.

**Lohmann, Georg:** *Menschenrechte zwischen Moral und Recht.* In: Stefan Gosepath, Georg Lohmann (Hg.): Philosophie der Menschenrechte. Frankfurt am Main: Suhrkamp, 6. Auflage 2015.

**Lorenz, Konrad:** *„Tiere sind Gefühlsmenschen"*, Der Spiegel, 47, 1980.

**Lowther, William:** *Die haarigen Helfer*, Zeit-Magazin, 49, 1987.

**Menke, Christoph, Pollmann, Arnd:** *Philosophie der Menschenrechte.* Hamburg: Junius, 4., unveränderte Auflage 2017.

**Midgley, Mary:** *Animals and Why They Matter.* Harmondsworth: Penguin, 1983.

**Müller, Jörg Paul:** *Grundrechte in der Schweiz.* Bern: Stämpfli, 1999.

**Myrdal, Gunnar:** *An American Dilemma.* New York: Harper & Bros., 1944.

**Newmyer, Stephen T.:** *Plutarch on the Treatment of Animals: The Argument From Marginal Cases*, Between the Species, Vol. 12, No. 1 & 2 (Winter-Spring 1996).

Nussbaum, Martha C.: *Gerechtigkeit oder Das gute Leben.* Frankfurt am Main, 1999.

Papier, Hans-Jürgen: *Ohne Wenn und Aber* (Interview), Der Spiegel, 3, 2008.

Perler, Dominik, Wild, Markus: *Der Geist der Tiere – eine Einführung.* In: Dies. (Hg.): Der Geist der Tiere. Frankfurt am Main: Suhrkamp, 2005.

Philosophisches Wörterbuch. Stuttgart: Kröner, 19., neu bearbeitete Auflage, 1974.

Pythagoras: Zitat. https://gutezitate.com/zitat/276364 15.5.2019

Rachels, James: *Do Animals Have a Right to Liberty?* In: Tom Regan, Peter Singer (Hg.): Animal Rights and Human Obligations. Englewood Cliffs, N. J.: Prentice-Hall, 1976. http://www.animal-rights-library.com/texts-m/rachels02.htm 17.5.2019

Rawls, John: *Das Recht der Völker.* Berlin, 2002.

Regan Tom: *An Examination and Defense of One Argument Concerning Animal Rights.* In: ders.: All That Dwell Therein. Berkeley: University of California Press, 1982.

**Rodd, Rosemary:** *Biology, Ethics, and Animals.* Oxford: Clarendon Press, 1990.

**Rorty, Richard:** *Gerechtigkeit als erweiterte Loyalität.* In: Ders.: Philosophie und die Zukunft. Frankfurt am Main, 2000.

**Rorty; Richard:** *Menschenrechte, Rationalität und Gefühl.* In: Stephen Shute, Susan Hurley (Hg.): Die Idee der Menschenrechte. Frankfurt am Main, 1996.

**Rousseau, Jean-Jacques:** *Abhandlung über den Ursprung und die Grundlagen der Ungleichheit unter den Menschen.* In: Ders. (hg. von Kurt Weigand): Schriften zur Kulturkritik. Hamburg, 1971.

**Salt, Henry S.:** *Animals' Rights.* In: Tom Regan, Peter Singer (Hg): Animal Rights and Human Obligations. Englewood Cliffs, N. J.: Prentice-Hall, 1976.

**Schirach, Ferdinand von:** *Die Würde ist unsere Antwort,* Der Spiegel, 49, 2015.

**Schmale, Wolfgang:** *Archäologie der Grund- und Menschenrechte in der Frühen Neuzeit. Ein deutsch-französisches Paradigma.* München, 1997.

**Schopenhauer, Arthur:** Zitat. https://gutezitate.com/zitat/116598 15.5.2019

*Schuld und Sühne,* Der Spiegel, 9, 1996.

*60 Milliarden Tiere werden getötet, um gegessen zu werden.* 2014. https://www.derwesten.de/panorama/60-milliarden-tiere-werden-getoetet-um-gegessen-zu-werden-id8853722.html 13.5.2019

*Siegeszug aus der Sackgasse:* SPIEGEL-Serie über neue Knochenfunde vom Urmenschen und die Entstehung des Homo sapiens (I), Der Spiegel, 42, 1995.

**Singer, Peter:** *Animal Liberation. Die Befreiung der Tiere.* Reinbek: Rowohlt, 1996.

**Singer, Peter:** *Befreiung der Tiere.* München: Hirthammer, 1982.

**Singer, Peter:** *The Expanding Circle: Ethics and Sociobiology.* Oxford: Oxford University Press, 1983.

**Singer, Peter:** *Praktische Ethik.* Stuttgart: Reclam, 3., revidierte und erweiterte Auflage 2013.

**Teutsch, Gotthard M.:** *Mensch und Tier: Lexikon der Tierschutzethik.* Göttingen: Vandenhoeck und Ruprecht, 1987.

**Tiedemann, Paul:** *Was ist Menschenwürde?* Darmstadt: Wissenschaftliche Buchgesellschaft, 2006.

**Tolstoi, Leo:** Zitat. https://gutezitate.com/zitat/170616
15.5.2019

**Tugendhat, Ernst:** *Die Kontroverse um die Menschenrechte.*
In: Stefan Gosepath, Georg Lohmann (Hg.): Philosophie
der Menschenrechte. Frankfurt am Main: Suhrkamp, 6.
Auflage 2015.

**Tugendhat, Ernst:** *Vorlesungen über Ethik.* Vorl. 17. Frankfurt am Main, 1993.

**Vögele, Wolfgang:** *Menschenwürde zwischen Recht und
Theologie. Begründungen von Menschenrechten in der Perspektive öffentlicher Theologie.* Gütersloh, 2000.

**Waal, Frans de:** *Der Affe in uns: Warum wir sind, wie wir
sind.* München: Deutscher Taschenbuch Verlag, 2013.

**Waal, Frans de:** *Der gute Affe: Der Ursprung von Recht und
Unrecht bei Menschen und anderen Tieren.* München: Han-
ser, 1997.

**Waal, Frans de:** *Primaten und Philosophen: Wie die Evoluti-
on die Moral hervorbrachte.* München: Deutscher Taschenbuch Verlag, 2011.

**Wild, Markus:** *Tierphilosophie.* Hamburg: Junius, 2013.

**Wildt, Andreas:** *Menschenrechte und moralische Rechte.* In: Stefan Gosepath, Georg Lohmann (Hg.): Philosophie der Menschenrechte. Frankfurt am Main: Suhrkamp, 6. Auflage 2015.

**Wise, Steven M.:** *Animal Rights, One Step at a Time.* In: Cass R. Sunstein, Martha C. Nussbaum (Hg.): Animal Rights. Oxford: Oxford University Press, 2006.

**Wise, Steven M.:** *Rattling the Cage.* London: Profile Books, 2001.

**Wolf, Jean-Claude:** *Tierethik.* Freiburg: Paulusverlag, 1992.

# Über den Autor

Helmut F. Kaplan, geboren 1952 in Salzburg, ist Philosoph und Autor. Seine Arbeit hat wesentlich zur Einführung der neueren Tierethik bzw. der Tierrechtsphilosophie in den deutschen Sprachraum beigetragen. Sein Buch „Leichenschmaus: Ethische Gründe für eine vegetarische Ernährung" wurde unter anderem ins Japanische übersetzt und gilt als wichtigstes deutschsprachiges Tierrechtsbuch.

www.tierrechte-kaplan.de
https://www.facebook.com/tierrechte/

**Neuere Bücher von Helmut F. Kaplan (ab 2007)**

*Der Verrat des Menschen an den Tieren.* Vegi-Verlag, 2007.

*Freude, schöner Götterfunken: Glück zwischen Schmerz und Tod.* Books on Demand, 2007.

*Leichenschmaus: Ethische Gründe für eine vegetarische Ernährung.* Vierte, aktualisierte Neuauflage. Books on Demand, 2011.

*Digitale Höllenfahrt: Zum Katastrophenpotential virtueller Kommunikation.* Books on Demand, 2012.

*Leben, Lieben, Leiden: Aphorismen.* Zweite, erweiterte Neuauflage. Books on Demand, 2012.

*Tierrechte: Modetrend oder Moralfortschritt?* Books on Demand, 2012.

*Schopenhauers Pudel: Warum unsere Liebesobjekte austauschbar sind.* Books on Demand, 2013.

*Vegan soll keine Religion sein: Für eine realistische Ethik.* Books on Demand, 2013.

*Tierethik: 10 Gründe für einen anderen Umgang mit Tieren.* Books on Demand, 2014.

*Tierrechte: Wider den Speziesismus.* Books on Demand, 2016.

*Tierrechte – Das Ende einer Illusion?: Warum es die Tierrechtsbewegung so schwer hat.* Books on Demand, 2017.